Silke Schönrade / Günter Pütz

Abenteuer im Piratenland

Psychomotorische Diagnostik für 7-11-jährige Kinder

Silke Schönrade / Günter Pütz

Abenteuer im Piratenland

Psychomotorische Diagnostik für 7-11-jährige Kinder

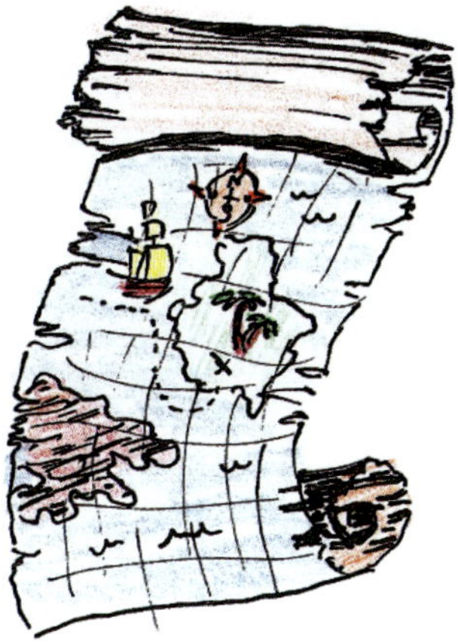

BORGMANN
MEDIA

Zusammen mit Audio-CD.

(Inhalt: „Befehle des Kapitäns" 10 Sequenzen zur auditiven Figur-Grund-Wahrnehmung)

Veröffentlicht in der Edition:
BORGMANN MEDIA **• Schleefstraße 14 • D-44287 Dortmund**

Illustrationen: Jörn Kappmeier
Fotos: Silke Schönrade, Günter Pütz
Gesamtherstellung: Löer Druck GmbH, Dortmund

Bestell-Nr. 9353 ISBN 978-3-938187-10-4

Inhalt

1. Einführende Gedanken

Es gibt einen wunderbaren Ort, an dem die Sonne häufig scheint. Und ein tosendes Meer mit Wellen, die kommen und gehen. Es gibt einen Strand, einen Eisverkäufer, Strandspiele, Sonnenliegen und was man sonst noch zum Wohlbefinden braucht. Dieser Ort zieht viele Menschen an.

Vor allem Kinder. Wie gut, dass man an diesem Ort Zeit hat zum Schauen und Staunen – über die Kinder. Sie lachen, schreien, toben, springen, werfen und fangen den Ball, spielen mit, machen mit, laufen mit. Sie schwimmen im Wasser, bauen Sandburgen, sammeln Muscheln und graben tiefe Löcher in den Sand, als gelte es dort Gold zu finden.

Aber es gibt auch die Kinder, die nicht mitspielen und nicht mitlaufen, die zu laut schreien oder gar nicht schreien, die den Ball werfen, aber nicht fangen können, die springen und dabei hinfallen und Sandburgen bauen, deren Türme immer wieder einstürzen. Das Wasser zum Schwimmen ist immer zu kalt und das Bücken beim Muschelsuchen zu anstrengend. Das Gold beim Sandgraben fänden diese Kinder nie – denn sie graben nicht im Sand. Dafür schmeckt das Eis besonders gut und die Sonnenliege ist so bequem.

Wem sind diese Unterschiede nicht schon aufgefallen. Aber es ist ja Urlaub.

Liebe Leserin/lieber Leser, sicherlich haben sie bemerkt, dass wir bereits mitten im Thema sind und der Versuch, auf diese Art und Weise einleitende Gedanken zum Thema des Buches zu verfassen, ist hoffentlich gelungen.

Was hier ein Urlaubstag mit Müßiggang ist, wäre im Alltag dieser Kinder weniger entspannend. Da müssten wir genauer hinschauen, um uns ein Gesamtbild des Kindes zu machen und uns mit Fragestellungen beschäftigen wie beispielsweise: Warum kann das Kind den Ball nicht fangen oder warum gerät es beim Springen aus dem Gleichgewicht? Für die weitere gesunde Entwicklung eines Kindes ist es auch wichtig zu wissen, warum es nicht mit den anderen spielen will und sich immer wieder aus den sozialen Anforderungen des Alltags herauszieht. Denn das alles kann Konsequenzen für den Entwicklungsprozess des Kindes haben.

Zahlreiche Fragen rund um das Thema Beobachten stellen sich den Kolleginnen und Kollegen der unterschiedlichsten Berufsdisziplinen im pädagogischen Alltag.

Wir möchten mit diesem Buch einen Beitrag zur Klärung einiger dieser Fragen leisten. Wir geben Informationen, „Techniken", Fotos und Formulare zur Beobachtung und Dokumentation an die Hand. Darüber hinaus möchten wir ein Beobachtungsverfahren zur Verfügung stellen, das hilft, Aussagen über den Entwicklungsstand der Kinder in der Altersgruppe der 7-11-Jährigen zu machen. Diese können Ihnen beispielsweise einen Erklärungsansatz für Verhaltensweisen eines Kindes geben oder über spezielle motorische Fähigkeiten und Fertigkeiten. Antworten erhalten Sie gegebenenfalls auf Fragen wie: Hat das Kind den richtigen Platz im Klassenraum oder sollte dieser verändert werden, weil das Kind sich leicht ablenken lässt? Zeigt das Kind in der visuellen oder auditiven Wahrnehmung Schwächen und ist aufgrund dessen seine Sitzposition zur Tafel ungünstig? Vielleicht bemerken Sie bei dem einen oder anderen Kind, dass es sich umständlich organisiert, wenn Sie mehrere Aufträge gleichzeitig erteilen? Es gibt Kinder, die benötigen mehr Zeit als andere, bis sie mit ihrer Arbeit beginnen. Informationen über die Entwicklung der Handlungsplanung können hier hilfreich sein, um das Kind in seiner alltäglichen Organisation zu unterstützen. Das Beobachtungsverfahren will auch Ideen zu psychomotorischen Förderung aufzeigen, die im pädagogischen/therapeutischen Kontext sinnvoll sind.

Die Idee zu diesem Buch ist aus den langjährigen und positiven Erfahrungen unserer Veröffentlichung „Die Abenteuer der kleinen Hexe" – ein Beobachtungsverfahren für 4-8-jährige Kinder (2000) entstanden. Ein ähnliches Verfahren für ältere Kinder war der Wunsch zahlreicher Pädagogen und Therapeuten.
Deshalb haben wir die Struktur und den Aufbau weitestgehend übernommen, bezogen auf die Altersgruppe der 7-11-Jährigen. Drei Geschichten um das Thema Piraten bilden die Grundlage für die psychomotorische Diagnostik, der Aufbau für eine effektive und ökonomische Anwendung im Alltag ist geblieben.

Damit ein Verfahren wie dieses entstehen kann, braucht es viel Zeit. Vor allem aber braucht es Kinder und Erwachsene, die mit Engagement, Kompetenz und Freude ausprobieren, mithelfen, diskutieren, hinterfragen oder als „Fotomodell" agieren. Diesen allen danken wir an dieser Stelle.

Es braucht aber auch einen einfühlsamen Illustrator, der nicht nur was vom Zeichnen versteht, sondern auch ein Händchen für Kinderthemen mitbringt. Wir hatten Glück, dass Jörn Kappmeier sich mit Blatt und Stift sofort ans Werk machte und die wunderbaren Zeichnungen für dieses Buch anfertigte.

Die unzähligen Stunden, die wir als Autoren neben unseren Familien, Freunden und unserer Arbeit gemeinsam überlegten, diskutierten, fachsimpelten und schrieben waren sehr wertvoll. Ohne diese gemeinsame Zeit wäre dieses Buch nicht entstanden.

Ein ganz besonderer Dank gilt Ferdinande, Mara und Henry, die mich in ihrer Weise bei dieser Arbeit ermutigt und unterstützt haben.

Bonn, Mai 2006 *Silke Schönrade und Günter Pütz*

2. Beobachten

2. Beobachten

Die wichtigen Dinge bleiben im Verborgenen

Der Medizinprofessor der Uniklinik hat keine Ohren. Keiner weiß so genau, wie er seine Ohren verlor. Alle sehen feinfühlig darüber hinweg. Und doch, es fällt schon auf, dass der Professor keine Ohren mehr hat.
Eines Tages ist Vorstellungsgespräch, der Professor sucht einen neuen Assistenzarzt. Der erste betritt den Raum, und der Professor fragt sofort: Na – was fällt Ihnen denn auf?" Der junge Arzt denkt: „Oh je, wenn ich jetzt direkt sage: „Sie haben keine Ohren, dann bin ich den Job vielleicht schon los." Also redet er darum herum, indem er den schönen Schreibtisch erwähnt, die neuesten Fachbücher, die er dort erkennt, den Picasso an der Wand. Der Professor unterbricht ihn schließlich: „Mann, Sie wollen Arzt sein! Ihnen fehlt ja jede Beobachtungsgabe! Jedes Kind sieht doch, dass ich keine Ohren habe. Wenn ich mir vorstelle, Sie untersuchen einen Patienten hier in der Klinik und sollen eine Diagnose stellen, und Sie übersehen bei einem Patienten etwas so Offensichtliches. Nein, so einen Arzt kann ich in meinem Team nicht gebrauchen." Der junge Arzt verlässt den Raum und verständigt die beiden Wartenden draußen noch fairerweise über den Verlauf des Gesprächs: „Der Professor hat keine Ohren, und wenn man das nicht sieht, dann ist man den Job schon los."
Der zweite Kandidat betritt den Raum und bekommt ebenfalls die Frage gestellt: „Na, was fällt Ihnen hier auf?" Der junge Arzt sagt: „Sie haben keine Ohren." Der Professor explodiert: „Mann, wie wollen Sie eigentlich Arzt sein? Überhaupt keine Sensibilität für die Situation, überhaupt kein Feingefühl. Sie können doch nicht so mit der Tür ins Haus fallen. Wenn ich mir vorstelle, Sie stellen bei einem Patienten die Diagnose und knallen sie ihm derartig vor den Latz. Nein, so einen Arzt kann ich in meinem Team nicht gebrauchen."
Der Zweite berichtet im Vorbeigehen dem Dritten, wie es bei ihm lief. Dieser betritt den Raum, und wieder die Frage: „Na, was fällt Ihnen denn hier auf?" Der dritte junge Arzt antwortet: „Sie tragen Kontaktlinsen." Der Professor: „Unglaublich, diese Beobachtungsgabe und diese Reaktionsschnelle! Ich habe noch nie einen jungen Arzt so schnell und sicher reagieren sehen. Wie haben Sie das so schnell beobachtet?" Der dritte Kandidat antwortet: „Ehrlich gesagt: Gesehen habe ich es nicht.

Ich habe es erschlossen. Ich dachte, eine Brille würde bei Ihnen herunterfallen."

(Trenkle 1999, 81f.)

Der Prozess der Beobachtung und Interpretation von Handeln und Verhalten eines Kindes ist komplex und vielschichtig. Mehr oder weniger bewusst beobachten wir Kinder in unterschiedlichen Situationen und sammeln dabei vielfältige Eindrücke und Informationen, die wiederum mehr oder weniger bewusst zu Einschätzungen und Beurteilungen führen.
Hinsichtlich der Vorgehensweise unterscheiden wir Beobachtung in offenen Spiel- und Bewegungssituationen und solche in strukturierten Settings (vgl. Zimmer 1999, 99).
Die offenen Beobachtungssituationen sind selbstverständlich in unserem Alltag, sie machen unsere „Alltagsdiagnostik" aus. Wir erfahren, wie Kinder miteinander umgehen, welche Vorgehensweisen sie in Spiel- und Bewegungssituationen entwickeln, welche Materialien sie bevorzugen, was sie sich zutrauen und vieles andere mehr.

Diese Alltagsituationen sind sehr komplex. Wir müssen meist auf mehrere Dinge gleichzeitig achten, so dass unsere Wahrnehmung im Sinne einer bewussten und gezielten Beobachtung meist erschöpft ist. „Wir sehen vor lauter Bäumen den Wald nicht."

Bei dem vorliegenden Buch handelt es sich um ein strukturiertes Beobachtungsverfahren. Mit Hilfe von 24 Beobachtungsaufgaben soll eine psychomotorische Diagnostik 7- bis 11-jähriger Kinder ermöglicht werden, die dem Pädagogen zu einem erweiterten Verständnis über die Stärken und Schwächen der ihm anvertrauten Kinder verhelfen soll.

2.1 Beobachtung und Wahrnehmung

In einem Seminar erhielten die Teilnehmer die Aufgabe, anhand des Fotos zu beschreiben, was ihnen an den drei Kindern auffällt.

Die Aufgabe der Kinder war es, eine vorgemachte Position nachzuahmen. Jedes Kind realisierte die Aufgabenstellung in seiner individuellen Weise. Bei der Beschreibung der Kinder fielen die Antworten der Teilnehmer sehr unterschiedlich aus. Einige fokussierten mehr auf die Körperhaltung der drei Kinder, andere hoben die Positionen der Arme hervor oder legten das Augenmerk auf den Gesichtsaudruck. Allen gemeinsam war, dass das rechts stehende Kind die „psychomotorisch korrekteste" Position eingenommen hätte.

Aber was heißt „psychomotorisch korrekt"? Linkes und mittleres Kind lösen die Aufgabe mit breitbasigem Stand. Sie schaffen sich für ihre Position eine stabile Grundlage – eine angemessene Strategie, um vermutlich ihre Aufmerksamkeit ganz auf die Haltung der Arme richten zu können. Den wirklichen Grund, warum sie so stehen, wissen wir nicht. Um diesen herausfinden zu können, müssten wir die Kinder fragen.

Beobachtung ist eine Methode des Fremdverstehens. Über die Wahrnehmung der „Außenseite" des anderen möchten wir dessen „Innenseite" verstehen. Ein schwieriges Unterfangen.

Beobachten ist an umfassende Wahrnehmungsprozesse gebunden. Wir nehmen über unterschiedliche Sinneskanäle – vor allem aber über die visuelle Wahrnehmung – die „äußeren Daten" eines Kindes auf, um sie anschließend zu beurteilen und zu interpretieren. Beobachtung, Beurteilung und Interpretation hängen eng zusammen. Sie sind subjektiv eingefärbt und spiegeln vor allem den Hintergrund des Beobachters wieder: seine Sozialisation, Vorannahmen, Erwartungen, Wertmaßstäbe, Erziehungsziele und verinnerlichten Theorien über Entwicklung von Kindern. Fremdbeobachtung hat also auch mit uns selbst zu tun. Vom Forscherblick erkannte Wesensbesonderheiten eines Kindes sagen mehr über den Diagnostiker als über das diagnostizierte Kind aus (vgl. Mattner 2002, 22).

Fazit: Wir konstruieren Wirklichkeiten, wir erkennen nicht *die* Wirklichkeit
(vgl. Schindler 2003, 214 f.)

Die Eigenarten des Beobachters fließen in jede Beobachtung mit ein. Eine solche personengebundene Wahrnehmung der äußeren Wirklichkeit ist in der Tat in unserem Alltag ständig vorhanden. Wir können verschiedene Wirklichkeiten in Beziehung zueinander setzen und kommen dann beispielsweise zur der Übereinkunft: „Dies ist ein Text, dies sind Buchstaben." Bei einfachen Gegebenheiten wie Texten und Buchstaben oder Tischen und Stühlen fällt es uns nicht schwer, uns auf Übereinkünfte über Wirklichkeiten zu beziehen. Schwieriger wird dies in zwischenmenschlichen Zusammenhängen.
Bin ich mir dieser Verflechtungen bewusst, dann wird Fremdbeobachtung auch zur Selbstbeobachtung: Mit welcher Haltung beobachte ich? Bin ich offen und neugierig? Finde ich spannend, was die Kinder tun, oder was sich dahinter verbergen könnte, oder ist das Beobachten eher eine Routine für mich, die ich schnell und organisiert abhaken möchte? Wann nehme ich ein Verhalten als störend, da von meiner Vorstellung von Normalität abweichend, wahr (vgl. Viernickel/Völkel 2005, 73; Reichenbach 2005, 18)?

Ein Blick in die Gestaltpsychologie verweist auf die Subjektivität von Wahrnehmung und Beobachtung. Zur Veranschaulichung dieses Zusammenhanges verwendet sie mehrdeutige Figuren (vgl. Ginger/Ginger 1994). Zwei solcher Figuren geben Beispiele dafür:

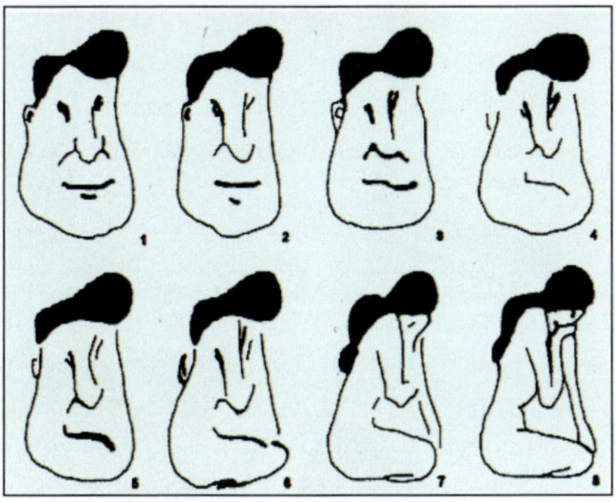

Alter Mann oder junges Mädchen?

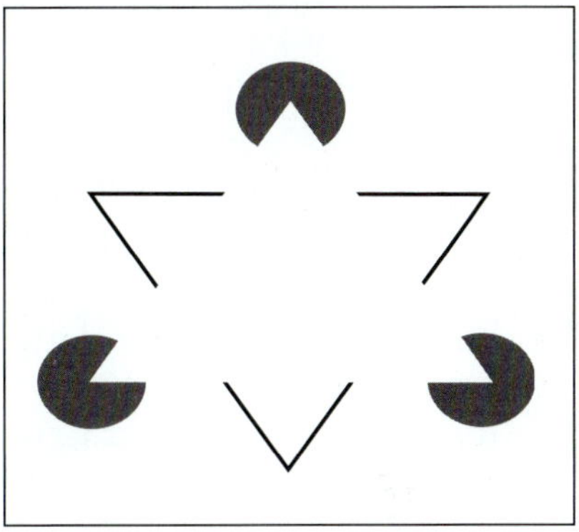

Wie viele Dreiecke sind das?

Ein beobachtetes Phänomen ist also keineswegs eine objektive Realität an sich, sondern es stellt die Beziehung zwischen dem eigentlichen Phänomen und seiner augenblicklichen Umgebung dar, zu der auch der Beobachter gehört.

Auf uns strömen in jedem Augenblick eine Fülle von Wahrnehmungsreizen ein. Unser Gehirn als zentrale Verarbeitungsstelle dieser Informationen wendet dabei aus reinem Selbstschutz einen Trick an: Es selektiert, so dass nur bestimmte Reize die Schwelle der bewussten Wahrnehmung erreichen, andere werden von vorneherein ausgeklammert. „Auf der Grundlage dieser Prozesse wählen wir – oft auch unbewusst – zu den Sinneseindrücken passende Reaktionen aus und setzen diese in Handeln um. Jeder von uns verfügt dabei über einen individuellen Mix aus dem, was überhaupt wahrgenommen wird, wie diese Situation oder dieses Verhalten bewertet wird und welche Reaktion darauf vorzugsweise erfolgt." (Viernickel/Völkel 2005, 68)

Jeder Beobachter wählt also bewusst oder unbewusst einen Beobachtungsfokus. Zur Verdeutlichung dieser Aussage schauen Sie sich bitte nachfolgendes Foto an.

Auf diesem Foto sehen Sie ein Kind, das rückwärts über eine umgedrehte Bank balanciert. Eine Aufgabe, die vor allem seine Gleichgewichtfähigkeit anspricht. Wenn ich jetzt den Beobachtungsschwer-

punkt ausschließlich darauf richte, ob das Kind von der Bank absteigen muss oder nicht (die Balance halten kann oder nicht), entgehen mir wichtige zusätzliche Beobachtungen über das psychomotorische Verhalten des Kindes in dieser Situation wie beispielsweise:

- Führt das Kind die Aufgabe gerne aus?
- Wie ist seine Körperhaltung bei der Durchführung?
- Wie werden die Arme gehalten?
- Zeigt es assoziierte Mitbewegungen?
- Wie ist das tonische Verhalten des Kindes?
- Schaut es beim Rückwärtsbalancieren immer wieder nach hinten?
- Führt es die Aufgabe konzentriert durch oder lässt es sich immer wieder ablenken?

Auf eine mögliche Erweiterung der Perspektive möchten wir im praktischen Teil dieses Buches aufmerksam machen. Dazu haben wir 24 strukturierte Beobachtungssituationen konstruiert, die bestimmte Beobachtungsmerkmale in den Vordergrund rücken. Darüber hinaus haben wir zu jeder Aufgabe mögliche zusätzliche Beobachtungen formuliert, die das Blickfeld des Beobachters in Richtung qualitative Diagnostik erweitern sollen (siehe unten angeführtes Beispiel). Zusätzlich sind Verhaltens- und Lösungsstrategien des Kindes bei den jeweiligen Aufgaben zu berücksichtigen.

G2 Aufgabe 7 **Beute an Bord bringen** • Gleichgewichtsfähigkeit 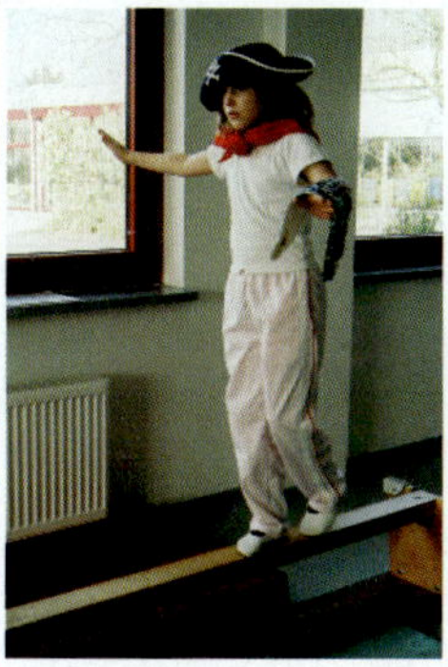	Das Kind steigt mit dem Beutegut in der Hand auf die Bank. Es legt das Beutegut auf ein vorher benanntes Körperteil und überquert die Bank rückwärts, indem es einen Fuß hinter den anderen setzt. Der Oberkörper ist dabei aufgerichtet.	✓	Benötigt Unterstützung beim Aufsteigen auf die Bank	x
			Verliert die Balance und tritt mit einem Fuß immer wieder auf den Boden	
			Schiebt die Füße rückwärts	
			Beugt seinen Oberkörper nach vorne	
			Führt die Arme seitlich nach oben, Hände sind gefaustet	
			Schaut immer wieder zurück	
			Verliert sein Beutegut	
			Hat einen erhöhten Tonus	
			Zeigt assoziierte Mitbewegungen im Gesicht	
			✎	

Beispiel aus dem Beobachtungsverfahren: Geschichte 2, Aufgabe 7

Beobachtung erfordert ein hohes Maß an Intersubjektivität. Durch den Austausch mit dem Kind und anderen Fachkollegen gewinnen meine subjektiven Eindrücke an Substanz. Einzeleindrücke haben für sich genommen keine Relevanz. Erst ein sorgfältiges Gegeneinanderhalten der verschiedenen Eindrücke, ein Vergleichen und Abwägen ihrer Gewichtigkeit, ein Prüfen vor allem der einander widersprechenden Aussagen, ein Tasten und Suchen nach dem roten Faden, der sich durchzieht, geben eine ausreichende Basis für verwertbare Aussagen über eine Persönlichkeit ab.

> Dabei versteht sich Psychomotorische Diagnostik nicht als Wahrheitsfindung, sondern als Suche nach angemessenen und hilfreichen Maßnahmen zur bestmöglichen Beschreibung der beobachteten Person (Vetter 2002, 111).

Aus dem bisher Gesagten wird deutlich, dass der Reflexion im Rahmen psychomotorischer Diagnostik und Förderung ein hoher Stellenwert eingeräumt werden muss. Verschiedene Aspekte sind dabei zu berücksichtigen:

- Bewusstwerdung über verschiedene und eigene Werte- und Normsysteme
- Reflexion des eigenen Verhaltens gegenüber den Menschen, mit denen ich pädagogisch arbeite
- Einbezug systemisch kontextueller Variablen
- Orientierung an Stärken und Schwächen des Kindes
- Erkennen eigener Beobachtungsschwerpunkte und Erweiterung des eigenen Blickwinkels
- Direkter Einbezug des Kindes in Förderprozesse (*mit* dem Kind und nicht *über* das Kind sprechen) und Austausch mit Kollegen (vgl. Reichenbach 2005, 18, Passolt/Pinter-Theiss 2003, 220)

2.2 Schritte zum Überprüfen der eigenen Beobachtungen

Beobachten in der psychomotorischen Praxis bedeutet „sehen" lernen und das Kind aus unterschiedlichen Perspektiven betrachten, ein Interesse an den verschiedenen Facetten eines Kindes zu entwickeln und nicht vorschnell an Bewertungen und Interpretationen hängen zu bleiben (vgl. Passolt/Pinter-Theiss 2003, 218). Ein Weg, mein Beobachterverhalten zu reflektieren, ist der systemischen Beratung entlehnt und gliedert sich in vier Schritte (Quelle: Seminarmitschrift):

1. Wahrnehmen und beschreiben des „Offensichtlichen"

Wir haben es nicht gelernt, Dinge zu beobachten, ohne sie gleichzeitig zu bewerten. Diese Verknüpfung lässt sich auch im pädagogischen Alltag nicht so einfach trennen. Wir müssen uns dessen bewusst werden und versuchen, bei der Dokumentation von freien Beobachtungssituationen darauf zu achten.

Worauf kommt es bei diesem ersten Schritt an?

„Ich nehme wahr, ich beobachte auf der phänomenologischen, rein beschreibenden Ebene: Was macht das Kind, mit welcher Mimik, Haltung, Sprache, Tätigkeit, materialen Erfahrung, in welcher Situation, etc." (Passolt/Pinter-Theiss 2003, 218 f.), ohne dies zu bewerten.

2. Was löst das Beobachtete in mir selbst aus?

Hier geht es um die Frage, welche Eigenresonanzen meine Beobachtungen auslösen. Bin ich innerlich berührt oder eher distanziert, interessiert oder eher gelangweilt? Arbeite ich gerne mit dem Kind zusammen oder fühle ich eher ein Unbehagen?

3. Interpretation und Hypothesenbildung

„Welche Erklärungen finde ich für das Beobachtete? Welche Motive, Bedürfnisse, Kompetenzen oder Schwierigkeiten unterstelle ich dem beobachteten Kind? Wird das Bild, das ich von dem Kind habe, durch meine Beobachtungen bestätigt, erweitert, verändert? Sind auch andere Interpretationen denkbar?" (Viernickel/Völkel 2005, 70) Gerade letztere Fragestellung wird vor dem Hintergrund unterschiedlicher „Theoriebrillen" innerhalb der psychomotorischen Diskussion interessant. So kann es zu unterschiedlichen Deutungsmustern eines Verhaltens kommen, je nachdem, ob ich aus der Perspektive des sensorisch-integrativen, des kompetenztheoretischen-, des kindzentrierten-, des verstehenden- oder des systemisch-konstruktivistischen Ansatzes argumentiere[1].

Große Bedeutung kommt in diesem Zusammenhang der Bildung von Hypothesen zu. Mit ihrer Hilfe versuche ich mir Verhaltensweisen eines Kindes zu erklären. Der Vorteil ist, dass ich sie jederzeit verwerfen oder modifizieren kann, wenn ich feststelle, dass sich meine Vermutungen als unbegründet erweisen.

Ein beobachtetes Verhalten kann zu unterschiedlichen Hypothesen führen:

[1] Vgl. hierzu den Beitrag von Jürgen Seewald: Zum Problem der Diagnostik in Psychomotorik und Motologie, in: Praxis der Psychomotorik. Jg. 24 (3), 152-160

Beispiel – was wurde beobachtet?	Hypothesen für das gleiche Verhalten
Bruno setzt sich nach Beginn der Stunde auf die Turnbank und nimmt nicht mehr am Geschehen teil.	• Bruno gefällt die Aufgabe nicht • Bruno hat Angst vor den Aufbauten • Bruno hatte einen Konflikt mit einem anderen Kind • Bruno möchte erst einmal die anderen beobachten, ehe er sich auf die Aufgabe einlässt • Bruno ist körperlich erschöpft

Innerhalb des diagnostischen Prozesses können sich Hypothesen auf unterschiedliche Bereiche beziehen, z. B. auf:

- Ursachen bezüglich bestimmter Verhaltensweisen
- Bedeutung von Förderangeboten
- Effektivität von Fördermaßnahmen
- Kontextuelle Besonderheiten (Eltern, institutionelle Rahmenbedingungen etc.)
- Was ist hinderlich/förderlich für die weitere Entwicklung des Kindes?

4. Beratung und Überprüfung der Hypothesen

Bei der Auswertung meiner Hypothesen bin ich auf die Zusammenarbeit aller am diagnostischen Prozess beteiligten Personen angewiesen. Der Teamarbeit kommt dabei ein nicht hoch genug einzuschätzender Stellenwert zu.

Der Einsatz von Videotechnik hat sich hierbei als probate Methode erwiesen, das psychomotorische Verhalten eines Kindes im Nachhinein beurteilen zu können. Dies gelingt oft besser als in der realen Praxissituation (vgl. Vetter 2002, 216).

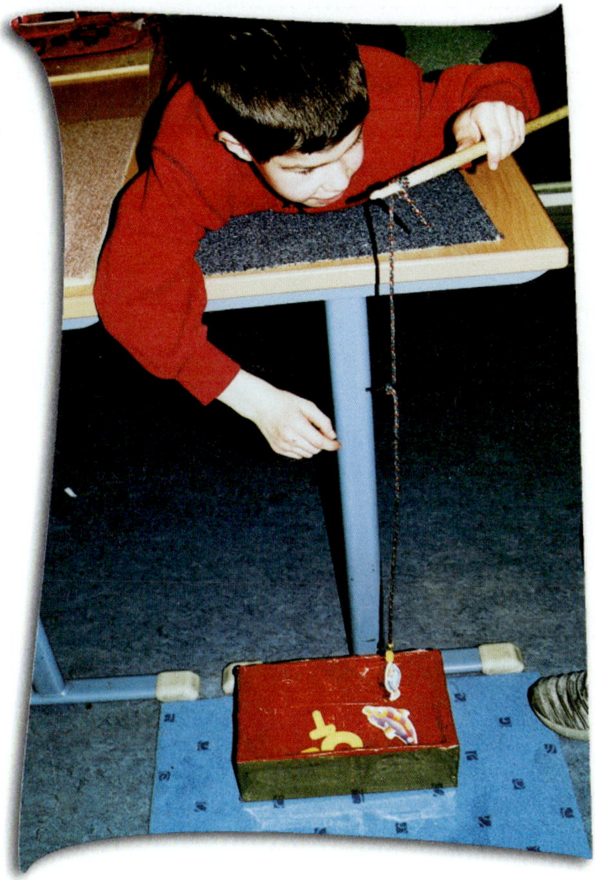

3. Bewegen und Lernen

3. Bewegen und Lernen

„Wenn Lernen mit positiven Emotionen verbunden wird,
also Freude bereitet,
dann ist das Gelernte besser erinnerbar.
Und kann kreativ eingesetzt werden.“

Manfred Spitzer 2002

3.1 Standpunkt

Kindheit hat sich verändert. Die Summe der Faktoren, die das Kinderleben in hohem Maße beeinträchtigt, ist nicht nur zahlreicher, sondern vor allem vielfältiger geworden. In dieser Vielfalt liegt das Problem. Kinder werden in einer Welt groß, die sie orientierungslos leben und erleben lässt. Der Schonraum, in dem Kinder einst aufwachsen durften, ist verschwunden.

Primärerfahrungen im 1./2. Lebensjahr, die im Kontext von Familie gemacht werden, fallen zunehmend kläglicher aus. Immer früher übernehmen Institutionen wie Kindergarten/Kindertagesstätte diese Aufgabe mit nachvollziehbaren anderen Zielsetzungen.

Kinder heute wachsen in eine Welt hinein, die sie durch die Verbreitung von Medien weit über ihren wohnortbezogenen Tellerrand blikken lassen. Gesellschaftspolitische Ereignisse der ganzen Welt, meist nur die negativen, werden alltäglich in die Wohnzimmer der Menschen gebracht und bis ins Detail ungefiltert verbalisiert und visualisiert – und das ohne Rücksicht auf eine Altersbeschränkung. Fehlende oder ungünstige Vorbilder führen bei Kindern zu unklaren Vorstellungen über Wertschätzung und Respekt, irreale Bilder im Kopf lösen die Realität ab.

Können nicht auch die öffentlich kontrovers diskutierten und immer wieder veränderten politischen Entscheidungen für Kindergarten und Schule bezüglich Lehrplänen, Konzepten, Rahmenbedingungen etc. ein heranwachsendes Kind in seinem Entwicklungsprozess irritieren? Wo erleben Kinder hier eine Gradlinigkeit oder Struktur?

Die Inhalte der Schule werden in die Köpfe der Kinder gebracht, deren Körper oft schlaff, bewegungs- und konturlos, ruhe- und rastlos sind mit fehlender innerer und äußerer Balance. Es mangelt an Bewegung, an Körper- und Raumerfahrungen, an Abenteuer- und Experimentierlust. Wo ist das für Kinder natürliche Neugierverhalten geblieben?

Die Frage ruft die verantwortlichen Erwachsenen, auch die Eltern, auf den Plan. Naturwissenschaftliche Projekte schon im Elementarbereich sollen Kinder zurück zur Neugierde bewegen und sie spielend Physik und Mathematik begreifen lassen. Wettbewerbe für Kindergärten stellen nach bestimmten Kriterien ausgewählten Einrichtungen neue Außengelände zur Verfügung, damit Körper und Geist sich im frühen Kindesalter bewegen können. So ist dieser Aspekt wenigstens außerhalb des familiären Umfeldes gesichert. Öffentlich anerkannte Firmen stellen hohe Summen an Geld landesweit zur Verfügung, verbunden mit entsprechend medienwirksamer Öffentlichkeitsarbeit.

Doch trotz aller Diskussionen, Entscheidungen und Konzepterneuerungen stoßen Erzieherinnen und Lehrer an ihre Grenzen. Die Fragen des pädagogischen Alltags aller Berufsdisziplinen werden zahlreicher und komplexer, Antworten darauf sind meist unzureichend. Immer mehr Kinder haben Schwierigkeiten, unsere Kulturtechniken zu erwerben. Es mangelt an elementaren Voraussetzungen wie Wortverständnis, Sprachvorstellung, Abstraktionsvermögen, Konzentration, Lateralität, Rhythmisierung, Raum-Lage-Orientierung, Form-Konstanz-Wahrnehmung, Selbsteinschätzung, Sozialverhalten, Körperkoordination. Diese stellen wesentliche Bausteine für das Lernen dar.

Viele Kinder bringen diese Voraussetzungen nicht mehr mit. Sie haben Schwierigkeiten mit ihrem Körper und es fällt ihnen oft schwer, einen Schulvormittag lang am Tisch zu sitzen. Ihr Muskeltonus kann die zum Sitzen notwendige Spannung nicht halten. Das Stifthalten bereitet den Schülern Schwierigkeiten. Defizite in der Feinmotorik, Kraftdosierung und Lateralität machen den Umgang beim Schreiben mühsam, der Pinzettengriff wird von immer weniger Erstklässlern beherrscht. Das „an die Tafel sehen“ setzt voraus, dass Kopfkontrolle, Gleichgewichtsverlagerung, Raumorientierung, Augenmuskelkontrolle ausgebildet sind. Wahrnehmung, Aufmerksamkeit und Gedächtnisfähigkeit sind weitere elementare Grundlagen für einen Zugang zum Erwerb unserer Kulturtechniken.

3.2 Sensorische Voraussetzungen für schulisches Lernen

Die folgende Übersicht gibt einen Überblick über die sensorischen Voraussetzungen für das schulische Lernen. Diese bilden die Grundlage für den Erwerb der Kulturtechniken.

Am Tisch sitzen

- Gleichgewicht
- Raumwahrnehmung
- Körperschema
- Kopfkontrolle
- freie Bewegung von Armen und Schultern
- Aufbau und Halten von Muskeltonus des Rumpfes

Der Flurbereich als „Lernort" bietet zwischendurch eine Alternative zum Sitzen und zur vorübergehenden Entspannung an.

Stift halten

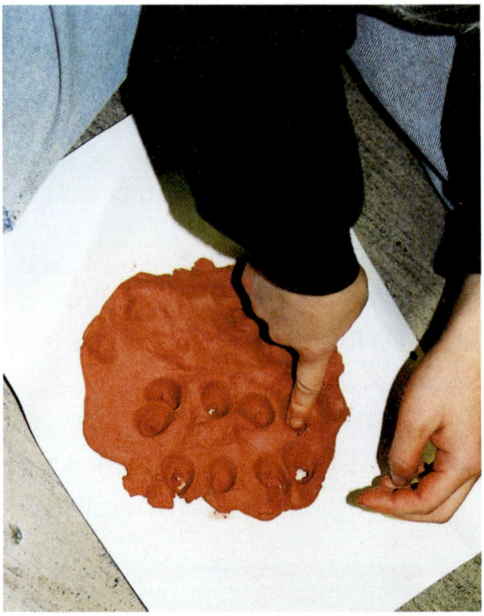

- Händigkeit
- Lateralität
- Muskelspannung
- Taktil-kinästhetisches Feedback
- Pinzettengriff
- Fingerbeweglichkeit
- Kraftdosierung

Regelmäßige und vielfältige Erfahrungen mit Materialien wie Knete, Ton o.ä. unterstützen die Entwicklung des taktil-kinästhetischen Wahrnehmungssystems.

An die Tafel sehen

- Kopfkontrolle
- Gleichgewichtsverlagerung
- Raumorientierung
- Fixieren mit den Augen

Mit Rollbrett die Buchstaben er-FAHREN!

Auf- und Abschreiben

- Auge-Hand-Koordination
- Überkreuzen der Körpermittellinie mit Auge und Hand
- Raumorientierung
- Begrenzung im Heft
- Kraftdosierung
- Visuelle Figur-Grund-Wahrnehmung
- Taktil-kinästhetisches Gedächtnis
- Visuelles und auditives Gedächtnis

Mit allen Sinnen Begrenzungen erleben z.B. durch kraftdosiertes Pusten einer Feder.

Wahrnehmung

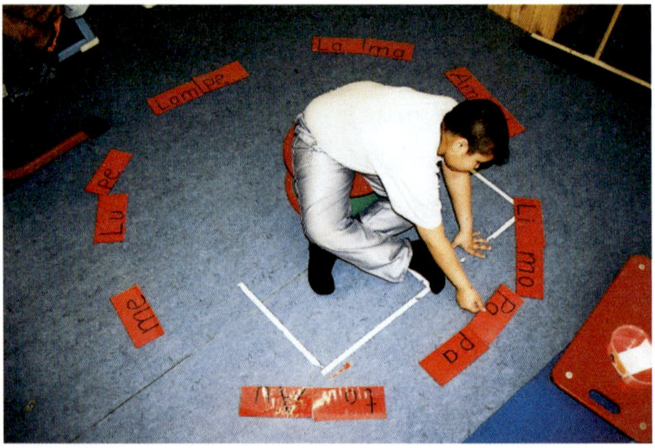

Gleichgewichtserfahrungen beim Lernen!

- Vestibuläre Wahrnehmung (Gleichgewicht, Augenmuskelkontrolle)
- Taktile Wahrnehmung (Fühlen, Tasten)
- Kinästhetische Wahrnehmung (Körperschema, Kraftdosierung, Handlungsplanung)
- Auditive Wahrnehmung (Hören, Richtungshören, Diskriminieren)
- Visuelle Wahrnehmung (Sehen, Figur-Grund-Wahrnehmung, visuelles Operieren)

Gedächtnis-/Merkfähigkeit

- Kurzzeit-/Langzeitgedächtnis
- Filterfunktion des Gehirns
- Aufmerksamkeit
- Aufgabenverständnis
- Aufmerksamkeit

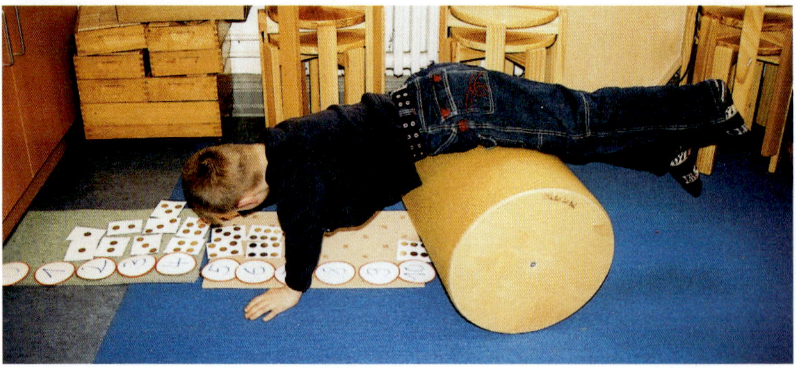

Mengen erfassen und verstehen durch Zählen, Fühlen, Hören ...

Aufmerksamkeit

- Motivation
- Durchhaltevermögen
- Nebengeräusche
- Optische Eindrücke
- Emotionale Befindlichkeit
- Intellektuelle Fähigkeiten
- Nachbar / Nähe / Gerüche
- Textilien
- Raumklima (Temperatur, Licht ...)
- Soziale Atmosphäre

Motivierender Unterricht einmal anders!

LERNBAUM

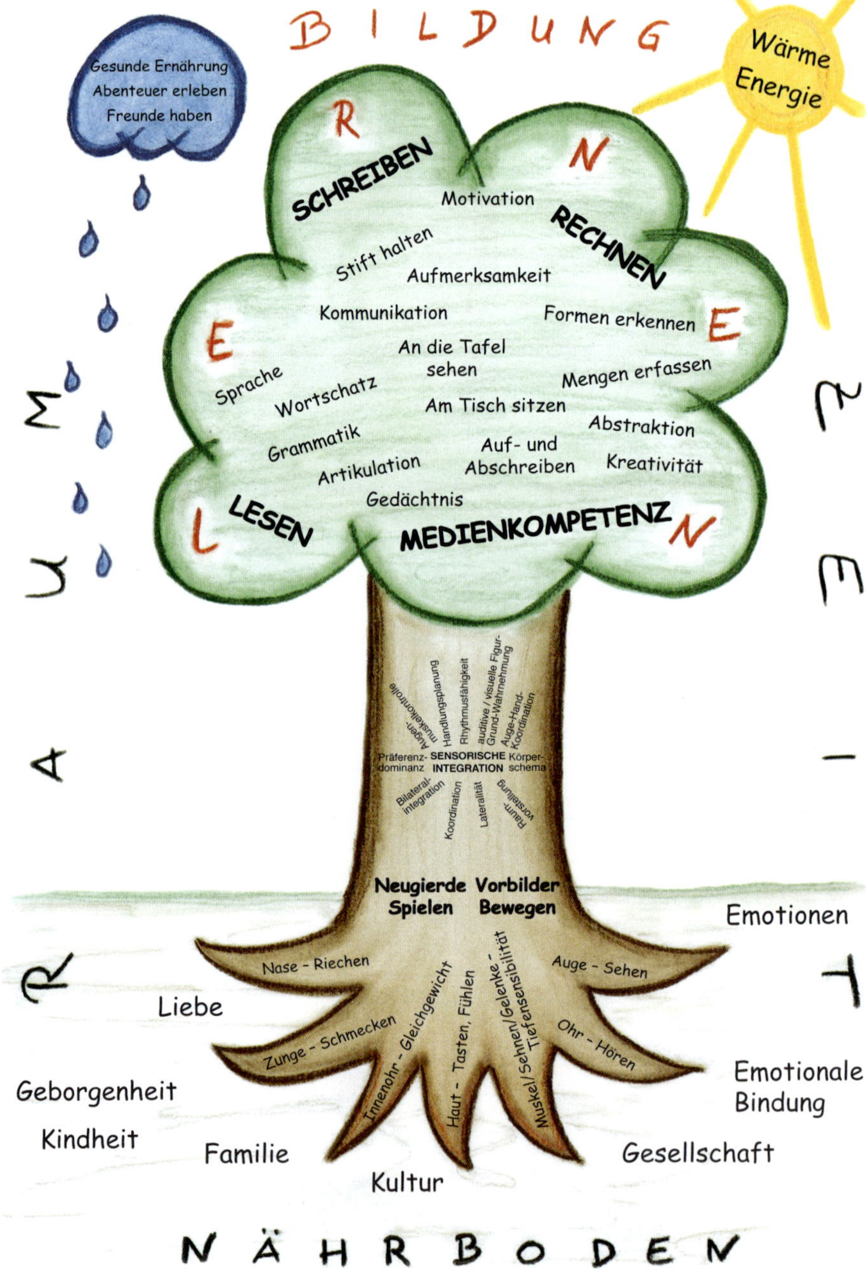
BILDUNG
Gesunde Ernährung
Abenteuer erleben
Freunde haben
Wärme
Energie
R
N
E
E
L
N
SCHREIBEN
Motivation
RECHNEN
Stift halten
Aufmerksamkeit
Kommunikation
Formen erkennen
An die Tafel sehen
Sprache
Wortschatz
Mengen erfassen
Am Tisch sitzen
Grammatik
Abstraktion
Auf- und Abschreiben
Artikulation
Kreativität
Gedächtnis
LESEN
MEDIENKOMPETENZ
Augen-muskelkontrolle
Handlungsplanung
Rhythmusfähigkeit
auditive / visuelle Figur-Grund-Wahrnehmung
Auge-Hand-Koordination
Präferenz-dominanz
SENSORISCHE INTEGRATION
Körper-schema
Bilateral-integration
Koordination
Lateralität
Raum-vorstellung
Neugierde Vorbilder
Spielen Bewegen
Nase - Riechen
Auge - Sehen
Zunge - Schmecken
Innenohr - Gleichgewicht
Haut - Tasten, Fühlen
Muskel/Sehnen/Gelenke - Tiefensensibilität
Ohr - Hören
RAUM
ZEIT
Emotionen
Liebe
Emotionale Bindung
Geborgenheit
Kindheit
Familie
Kultur
Gesellschaft
NÄHRBODEN

3.3 Der „LERNBAUM“ [1]

Lernen in Bewegung, Lernen mit allen Sinnen, Lernen verbunden mit Emotionen, Lernen von Anfang an, Lernen für ein ganzes Leben etc. Die Möglichkeiten, die sich um den Begriff „Lernen“ herausbilden, waren selten höher als heute. Die pädagogische Arbeit aller Berufsdisziplinen orientiert sich mit Konzepten und Inhalten an Forderungen, die öffentlich diskutiert werden und den unterschiedlichsten Bildungsaufträgen entsprechen sollen. Dabei werden immer wieder Antworten auf Fragen gesucht wie beispielsweise: Wie kommt der Bildungsprozess in Gang? Wann und wo beginnt dieser? Wer ist daran beteiligt?

Ein kurzer Exkurs in die Neurobiologie[2]: Unser menschliches Gehirn ist mit Anlagen ausgestattet, mit ganz bestimmten Begabungen und ganz bestimmten Schwächen, die wiederum verknüpft sind mit den jeweiligen Entwicklungsbedingungen. Erfahrungen, die im Laufe eines Lebens gemacht werden, haben einen wirksamen Einfluss auf das neuronale Netzwerk und die Nervenverschaltungen und bestimmen unsere Strategien des Denkens, Fühlens und Handelns. Die wichtigsten Erfahrungen ziehen wir aus dem sozialen Beziehungsgefüge, das im Verlaufe eines Lebens immer komplexer wird. Diese psychosozialen Faktoren sind fest in unserem Gehirn verankert und stellen eine elementare Basis für die „emotionale Intelligenz“ dar. Da frühe Erfahrungen aus der Kindheit die spätere Grundhaltung und die Gefühle maßgeblich bestimmen, ist eine gute und gesunde Grundversorgung in der Kindheit elementar, denn diese bringt zeitlebens ein lernfähiges Gehirn hervor.

Der LERNBAUM will Entwicklungsverläufe vom Säugling bis zum Jugendlichen aufzeigen, um die Grundlagen für einen individuellen Bildungsprozess sichtbar zu machen. Dabei werden alle an der Kindesentwicklung Beteiligten mit einbezogen, wie Eltern/Familie, Kindergarten, Schule und Gesellschaft.

Die Erläuterungen des LERNBAUMS geben eine Basis zum besseren Verständnis und können beispielhaft in Elterngesprächen verwendet werden. Das Konstrukt des LERNBAUMS beruht auf einer pädagogisch-therapeutisch orientierten Sichtweise.

[1] vgl. Schönrade, S.: LERNBAUM. Poster und Information 2006

[2] vgl. hierzu Hüther, G. „Bedienungsanleitung für ein menschliches Gehirn“, 2003

Der **Nährboden** ist das Fundament dafür, Primärerfahrungen als Säugling bzw. Kleinkind zu machen. Die Familie oder die Bezugspersonen geben dem Kind Geborgenheit, Liebe, emotionale Bindung, in Abhängigkeit von kulturellen und/oder gesellschaftlichen Bedingungen. Integriert in diese Aspekte ist das Vorbildverhalten der Erwachsenen. Dabei bildet die Kommunikation einen wesentlichen Beitrag zur Sprachentwicklung. Ein liebevoller und zärtlicher Umgang, der über eine Grundversorgung hinaus geht und taktile Stimulis über Streicheln, in den Arm nehmen, liebkosen etc. integriert, geben dem Kind Vertrauen und Wärme. Hier wird eine elementare Basis für die Kindheit gelegt, die das gesamte Leben des Menschen prägt. Emotionen, sowohl erlebte als auch ausgelebte, sind Ausgangspunkte für die eigene psycho-emotionale Entwicklung.

Die **Wurzeln** werden aus dem „Nährboden“ gespeist und sind Voraussetzung für eine entwicklungsgemäße Basiskompetenz. Die Entwicklung der Nahsinne (nach Jean Ayres, 1984) Gleichgewicht, Tiefensensibilität, Fühlen/Tasten sowie der Fernsinne Hören, Sehen, Schmecken, Riechen sind Grundsteine auf dem Weg des kindlichen Entwicklungsprozesses.

Der Übergang zum **Stamm**, in dem die „Sensorische Integration“ die unterschiedlichen Wahrnehmungsreize zu einem sinnhaften Handlungsplan verknüpft, eröffnet dem Kind wesentliche Faktoren, die über die Familie, den Kindergarten, andere Bezugspersonen oder Institutionen erfahren werden. Die Möglichkeiten zum Spielen und Bewegen, die Voraussetzungen, das Neugierverhalten des Kindes zu unterstützen und anzuregen, werden nicht nur über die Vorbildfunktion, sondern vielmehr auch durch das eigene Erleben erfahren. Dass diese Faktoren bereits im „Nährboden“ vorhanden sein sollten, ist selbstverständlich, doch tragen sie in dem o.g. Entwicklungsabschnitt entscheidend zur Vernetzung von der Basis bis zur Differenzierung bei.

Unter der **Sensorischen Integration** versteht man die Fähigkeit, die gewonnenen Erfahrungen und die Entwicklungsstufen so zu verarbeiten, dass daraus ein sinnvoller Handlungsplan entsteht, der dem Kind ein adäquates Handeln mit sich und der Umwelt ermöglicht. Es finden sensomotorische, psycho-emotionale, soziale und Reizverarbeitungsprozesse statt, die einen wesentlichen Beitrag zu den Voraussetzungen zum Erwerb der Kulturtechniken leisten.

Der **Baumkrone** übergeordnet ist das Lernen mit den Kulturtechniken Lesen, Schreiben, Rechnen, Medienkompetenz. Hier findet sich die Summe aller Entwicklungsgrundlagen wieder, die das Kind bis zum Schuleintritt erworben hat. Günstige bzw. ungünstige äußere Einflüsse (z.B. Trennung der Eltern, Verlust einer engen Bezugsperson, Wohnortwechsel, Krankheit) können in dieser Phase vorübergehende Entwicklungsrückschritte oder -verzögerungen herbeiführen. Allerdings bilden die einmal erworbenen Erfahrungen und Basiskompetenzen eine elementare Grundlage, auf die das Kind in nahezu jeder Situation zurückgreifen kann.

Die **Sonne**, das Licht, ist für das Wachstum unersetzlich. Von ihr geht die Wärme und die Energie für ein ganzes Leben aus.

Wolken produzieren Regen und bilden die Grundlage für eine gleichbleibende Versorgung beim Wachstum, die ein gesundes Gedeihen unterstützt. Abenteuer erleben, Freunde haben, eine gesunde Ernährung sind ausgewählte Aspekte, die dabei eine wichtige Rolle spielen.

Raum und **Zeit** sind zwei tragende Säulen, auf denen sich Wachstum und Entwicklung aufbaut bis an das Lebensende. Der Lebens-Raum im engsten und weitesten Sinne stellt eine wesentliche Basis dar für die weitere Entwicklung und eröffnet Fragen wie beispielsweise „Wo lebe ich?“, „In welchen Räumen wachse ich auf?“, „Wie ist der Raum gestaltet?“.

Die **Zeit**, die maßgeblich daran beteiligt ist wie viel das Kind davon zur individuellen Entwicklung bereit gestellt bekommt und wie die Personen im engeren Bezugsfeld damit umgehen, bildet den Rahmen für Forderungen wie „Zeit zum Spielen“, „Zeit zum Aufwachsen“, „Zeit zum Lernen“, „Zeit zum Schlafen“, „Zeit zum Langeweile haben“ etc.

Über allem steht die **Bildung**. Bildung erwächst aus der Fähigkeit, erworbenes Wissen so zu verknüpfen, dass daraus ein Prozess entsteht, in dem Handeln, Empfinden, Fühlen, Denken, Werte, sozialer Austausch, subjektiver und objektiver Sinn miteinander in Einklang gebracht werden.“ (Schäfer, 2005: „Bildung beginnt mit der Geburt“)

Wenn Lernen einen persönlichen Sinn ergibt und aus den gewonnenen Erfahrungen, Eindrücken und Selbstwerten ein Gesamtbild entsteht, ist der Bildungsprozess in Gang gesetzt.

4. Das Beobachtungsverfahren

4. Das Beobachtungsverfahren „Abenteuer im Piratenland"

Psychomotorische Diagnostik für 7-11-jährige Kinder

Das Buch „Abenteuer im Piratenland" knüpft an die Grundidee des erfolgreichen Beobachtungsverfahrens „Die Abenteuer der kleinen Hexe" an. Eingekleidet in drei spannende Geschichten um das Thema „Piraten" werden Beobachtungssituationen vorgestellt, mit deren Hilfe verschiedene Bereiche der kindlichen Wahrnehmung und Motorik erfasst werden. Die Aufgabenstellungen sind so formuliert und strukturiert, dass die Anwender eine klare Vorstellung über die Durchführung erhalten.

Gleichzeitig wird anhand von differenzierten Fragestellungen das Augenmerk auf die qualitative Beobachtung diagnostischer Situationen gelenkt, um daraus die unterschiedlichen Verhaltens- und Handlungsstrategien des Kindes beWERTen zu können. Darüber hinaus können Aussagen über Lernvoraussetzungen zum Erwerb der Kulturtechniken wie Lesen, Schreiben und Rechnen gemacht werden.

Die Beobachtung wird als Kernkompetenz psychomotorischer Diagnostik gesehen. Sie ist subjektiv organisiert und steht auch immer im Zusammenhang mit der Person des Beobachters/der Beobachterin: seiner physischen und psychisch-emotionalen Verfassung, seiner Haltung gegenüber dem Kind sowie seinem theoretischen Fundament, das er in Förderung und/oder Therapie mit einbringt. Die Sichtweise des Beobachters soll an den Stärken des Kindes orientiert sein. Bewegung, Wahrnehmung und deren Entwicklungsverläufe rücken dabei in den Vordergrund des Interesses und fließen in einen dynamischen Kreislauf von Beobachten, Verstehen, Beurteilen und Fördern. Der Beobachter/die Beobachterin und alle an diesem förderdiagnostischen Prozess beteiligten Personen nehmen dabei eine zentrale Rolle ein (vgl. Kapitel 2).

Das vorliegende Beobachtungsverfahren bietet in drei spannenden Geschichten insgesamt 24 Aufgabenstellungen an. Diese sind so konstruiert, dass die Kinder spielerisch und altersgemäß an spezielle Beobachtungssituationen heran geführt werden. Im Gegensatz zu künstlichen Testsituationen wird hier eine an der subjektiven Befindlichkeit des Kindes und seinen individuellen Ressourcen ausgerichtete Vorgehensweise angestrebt. Dies impliziert auch, dass die Rahmenhandlung unterbrochen werden kann und den Kindern bei Bedarf großräumige Bewegungsangebote gemacht werden können, um vorhandene Bewegungsbedürfnisse der Kinder zu stillen.

Der Beobachtungsökonomie haben wir einen wichtigen Stellenwert eingeräumt. Struktur (z.B. Gruppengröße), Materialauswahl, Zeitaufwand etc. sind an den Bedingungen des pädagogischen Alltags ausgerichtet. Kopiervorlagen finden Sie im Anhang des Buches, benötigtes Material ist üblicherweise in pädagogischen Einrichtungen und Schulen vorhanden (z.B. Turnhallenausstattung) oder kann kostengünstig besorgt werden.

Das Thema und der Inhalt von „Abenteuer im Piratenland“ sind aus den Interessen der Kinder der entsprechenden Altersgruppe hervorgegangen. Erzählweise, Sprache und Spannungsbogen sind angelehnt an die Form klassischer Kinderliteratur und sollte der jeweiligen Zielgruppe und deren Voraussetzungen angepasst werden. In Kapitel 4.2 finden Sie wichtige Hinweise, die Sie vor der Durchführung des Beobachtungsverfahrens unbedingt lesen sollten!

Zur Erweiterung des theoretischen Fundaments des Beobachters/der Beobachterin finden Sie im folgenden Kapitel Begriffserklärungen, die zu einer Verbesserung der Beobachtungsqualität führen sollen. Ein besseres Verständnis für die Verhaltensweisen des Kindes, das Erkennen eventueller Lernschwierigkeiten, psychomotorische und/oder pädagogische Handlungsmöglichkeiten sowie fachlich kompetent zu führende Elterngespräche erhalten eine solide Basis.

4.1 Begriffserklärungen

Erklärung und Beschreibung von Begriffen

- **Auditive Figur-Grund-Wahrnehmung**

Die Fähigkeit, relevante Geräusche von Nebengeräuschen zu unterscheiden.

- **Auditive Wahrnehmung**

Die Aufnahme von akustischen Reizen über das Hörorgan und die Verarbeitung im zentralen Nervensystem in Form von Speicherung, Auswahl, Differenzierung, Analyse und Synthese. Voraussetzung für die Entwicklung der Sprache und der Schriftsprache ist ein gesundes Gehör und eine gut funktionierende auditive Wahrnehmung. Das Hörorgan liegt im Mittel- und Innenohrbereich in räumlicher Nähe zum Gleichgewichtsorgan. Schon im Mutterleib nehmen Kinder Geräusche und Töne wahr, die sie nach der Geburt zunehmend differenzieren.

- **Auditives Gedächtnis**

Akustische Informationen, die nacheinander eintreffen, im auditiven Kurzzeitgedächtnis gespeichert und wieder abgerufen werden können. Dazu gehören z.B. Wörter, Zahlenreihen, mehrsilbige Sätze, Klatschrhythmus etc.

- **Auge-Hand-Koordination**

Voraussetzung dafür, dass Tätigkeiten wie Bauen mit Bausteinen, Ballfangen, Schreiben etc. koordiniert ablaufen können, ist das integrierte und koordinierte Zusammenspiel von Sehen und Bewegen des Körpers und seiner Teile im Raum.

- **Ausdauer**

Sie wird als Ermüdungswiderstandsfähigkeit oder als Fähigkeit verstanden, die vorübergehende Verminderung der Leistungsfähigkeit bei anhaltender Tätigkeit möglichst lange hinauszuschieben sowie sich nach länger andauernden Belastungen schnell zu erholen. Erst ein differenziertes Ausdauermaß ermöglicht es dem Kind, durch ein sparsames Handeln eine verbesserte koordinative Leistung zu erzielen.

- **Beweglichkeit**

Sie ist der Oberbegriff für die Beweglichkeit der Gelenke und Dehnfähigkeit u. a. der Muskeln und Bänder. Erst durch eine gute Beweglichkeit sind spezielle und isolierte Handlungen möglich.

- **Bewegungspräzision**

Bezeichnet die Fähigkeit zu genauen und ökonomischen Bewegungshandlungen aufgrund einer fein differenzierten und präzisierten Aufnahme und Verarbeitung kinästhetischer Informationen, wie u. a. zweckmäßige Muskelentspannung, fein differenzierter Krafteinsatz und abgestimmte zeitlich-räumliche Handlungen.

- **Bilateralkoordination**

Koordiniertes Zusammenspiel beider Körperhälften, basierend auf der integrierten Zusammenarbeit der beiden Hemisphären.

• Gleichgewichtsfähigkeit

Sie spielt bei sportlichen wie bei Alltagsbewegungen gleichermaßen eine führende Rolle und beinhaltet die Fähigkeit, den Körper und die Objekte in einem Gleichgewichtszustand zu halten und nach Körperverlagerungen diesen Zustand wieder herzustellen. Ohne sie wäre beispielsweise kein Gehen, Laufen oder Stehen möglich.

Obwohl die Gleichgewichtsfähigkeit hochgradig an die Funktion des Vestibularapparates und der Propriozeption gebunden ist, spielt auch das Sehen eine wesentliche Rolle bei der Erhaltung des Gleichgewichts.

• Handlungsplanung

Die Grundlagen für motorische Planung werden über Informationen aus dem kinästhetischen System gebildet. Sie sind für den koordinierten und harmonisch fließenden Ablauf von Bewegungen verantwortlich. Das gilt gleichermaßen für grob- und feinmotorische Bewegungsabläufe.

• Kinästhetische Wahrnehmung

Das Kinästhetische System (Propriozeption) gibt Rückmeldung über den Spannungszustand des Bewegungs- und Stützapparates. Die entsprechenden Propriozeptoren geben Informationen über die Lageveränderungen der Gelenke, die Positionen der einzelnen Körperteile, die Veränderung der Körperhaltung und vermitteln Lage- und Bewegungsempfindungen. Zusammen mit der taktilen und vestibulären Wahrnehmung trägt sie zur Entwicklung des Körperschemas bei. Ohne diese Information wüssten wir beispielsweise nicht, wo sich die einzelnen Körperteile in diesem Moment befinden. Sie entwickelt sich bereits im Mutterleib und hat nach der Geburt wesentlichen Anteil bei der Aufrichtung des Kindes gegen die Schwerkraft. Hals- und Nackenmuskeln geben dem Kind Informationen über die Stellung des Kopfes zum Körper und über den Raum.

• Körperschema

Die Sinneseindrücke, die der Mensch von seinem eigenen Körper hat, befähigt ihn, eine Beziehung zwischen seinen Körperteilen und zu deren Bewegungsmöglichkeiten herzustellen. Wahrnehmen und Empfinden des Körpers, Vorstellung vom Körper, Orientierung am Körper und das Wissen um den Körper bilden das Körperschema.

- **Kraftdosierung**

Der koordinierte und adäquate Einsatz der Muskelkraft und der dazu gehörenden Gelenke und Sehnen wird über Information und Verarbeitung des propriozeptiven und taktilen Wahrnehmungssystems gesteuert.

- **Lateralität**

Sie entwickelt sich sowohl innerhalb der Funktionen der beiden Gehirnhälften als auch in dem bevorzugten Gebrauch einer Körperseite und eines paarig angelegten Aufnahme- (z.B. Augen, Ohren) oder Ausführungsorgans (z.B. Hände, Füße).

- **Pinzettengriff**

Die feinmotorische Fähigkeit, kleine Gegenstände wie beispielsweise Perlen, Münzen etc. zwischen Daumen und Zeigefinger aufzunehmen.

- **Präferenzdominanz**

Der überwiegend spontane Gebrauch eines Körperteils wie Hand, Arm, Bein, Fuß, Auge, Ohr.

- **Raumorientierung**

Durch das koordinierte Zusammenspiel von visueller Wahrnehmung, der Lage im Raum, der räumlichen Beziehung einzelner wesentlicher Punkte im Raum zueinander und durch das Wiedererkennen bekannter Strukturen im Gedächtnis wird eine Orientierung des Körpers im Raum ermöglicht. Dabei ist die Bewegungsvorerfahrung und ein ausgebildetes Körperbewusstsein grundlegend.

- **Reaktion**

Hierunter wird die Fähigkeit zum schnellen und zweckmäßigen Reagieren auf unvorhersehbare Situationswechsel und auf unterschiedliche akustische, optische oder taktile Signale verstanden.

- **Schnelligkeit**

Die motorische Grundfähigkeit Schnelligkeit ist die Voraussetzung für die schnelle Einleitung und Ausführung zweckmäßiger, kurzzeitiger motorischer Aktionen.

- **Sprungkraft**

Sprungkraft basiert auf der motorischen Grundfähigkeit Kraft, ohne die keine Bewegungsleistung auskommt. Krafteinsatz, -dosierung und -steuerung beeinflussen die Genauigkeit einer Bewegung.

- **Taktile Wahrnehmung**

In unterschiedlichen Hautschichten befinden sich die sensorischen Rezeptoren, die auf Berührung, Druck, Oberflächenbeschaffenheit, Temperatur, Zug und Vibration reagieren. Beim Menschen ist es das am meisten ausgedehnte sensorische System. Es ist bereits vor der Geburt entwickelt und hat eine wichtige Funktion für die nervale Entwicklung. Über das Empfinden von Tasteindrücken wird eine zunehmende Fähigkeit entwickelt, diese zu differenzieren. Über die taktile Wahrnehmung erhält das Kind auch Informationen über Proportionen, Maße und geometrische Formen von Materialien und Gegenständen. Darüber hinaus stellt die Haut ein wesentliches Medium der Kontaktaufnahme und Kommunikationsfähigkeit dar. Wichtige Bausteine für die psychisch-emotionale Entwicklung wie Zärtlichkeit, Vertrauen, Geborgenheit und Wärme werden über die taktile Wahrnehmung erfahren.

- **Taktil-kinästhetische Wahrnehmung**

Das taktile und das kinästhetische Wahrnehmungssystem arbeiten eng zusammen. Über das Zusammenspiel erhält das Kind beispielsweise Informationen über die Lage und Haltung seiner Finger, und kann so Formen diskriminieren. Beim Erlernen von Buchstaben ist das eine Grundvoraussetzung für die Fähigkeit, schriftliche Symbole in Form motorischer Handlungsabläufe aus dem Gedächtnis abzurufen.

- **Vestibuläre Wahrnehmung**

Das vestibuläre System ist die Grundlage für Haltung, Bewegung und Körperschema. Die Rezeptoren, die sich im Vestibulärapparat des Innenohres befinden, reagieren auf Schwerkraft und Fliehkräfte. Vor allem durch die Veränderungen der Bewegungen des Körpers im Raum, wie Geschwindigkeits- und Richtungsveränderungen sowie Körperbeschleunigungen, wird die Raum-Lage-Orientierung ermöglicht. Das Vestibulärsystem entwickelt sich zwischen dem 2. und 7. Schwangerschaftsmonat, und wird durch Fremdbewegungen der Mutter und durch Eigenbewegungen stimuliert. Schon vor der Geburt ist die Verarbeitungsfähigkeit der vestibulären Reize vorhanden und gilt als Voraussetzung für eine „normale“ Bewegungsentwicklung. Die Komplexität des Gleichgewichtsorgans ergibt sich aus dem Zusammenspiel mit der visuellen und kinästhetischen Wahrnehmung.

- **Visuelle Figur-Grund-Wahrnehmung**

Relevante visuelle Eindrücke von unwichtigen unterscheiden können.

- **Visuelles Gedächtnis**

Optische Eindrücke wahrnehmen, verarbeiten und nach einer bestimmten Zeit abrufen, wird als visuelle Gedächtnisfähigkeit oder Merkfähigkeit bezeichnet.

- **Visuelle Wahrnehmung**

Optische Reize aufzunehmen, zu unterscheiden, einzuordnen, zu interpretieren, mit früheren Erfahrungen zu verbinden und dann zu reagieren, ist Aufgabe der visuellen Wahrnehmung. Sie entwickelt sich durch die differenzierte Koordination der Augenbewegungen im Zusammenspiel mit der vestibulären und kinästhetischen Wahrnehmung. Das visuelle System ist das höchst entwickelte Sinnessystem des Menschen. Ein Kind kann Gegenstände erst dann fixieren und scharf sehen, wenn Kopf, Rumpf und Augen stabil gehalten werden können.

- **Visumotorische Koordination**

Die Fähigkeit des Auges, einen Ausgangspunkt anzuvisieren und zu einem Zielpunkt zu gelangen (z.B. einen Kreis malen), verbunden mit der Fähigkeit der Hand, sich dem Auge folgend auf einer vorgestellten Linie zu bewegen.
(Siehe auch Auge-Hand-Koordination)

4.2 Noch einige Hinweise, bevor es losgehen kann:

- Die Geschichten sind so geschrieben, dass sie primär dem Pädagogen / Therapeuten einen roten Faden für das Beobachtungsverfahren geben sollen. Inhalt, Sprache und Umfang sind zwar altersgemäß konstruiert, müssen aber je nach Alter, sprachlichen und kognitiven Voraussetzungen sowie nach Erfahrungen mit „Geschichtenerzählen“ der Kinder modifiziert werden. Ein Vorlesen ist möglich, kann aber durch ein knappes Erzählen in adäquater Sprache ersetzt werden. Wichtig ist allerdings, dass die Kinder den Sinn der jeweiligen Beobachtungssituation nachvollziehen können.

- In der Geschichte ist der Handlungsablauf, der eine Relevanz für das entsprechende Beobachtungsmerkmal der einzelnen Aufgabe hat, fett gedruckt. Bei der Durchführung dient dies zur Unterstützung, um die Kinder motivierend und in einem engen Sinnzusammenhang in die Geschichte einzubinden.
- Wenn die Möglichkeit einer Videoaufzeichnung besteht, ist das für die qualitative Auswertung und die anschließende Dokumentation der Beobachtung von großem Vorteil. Darüber hinaus kann sie für ein kollegiales/interdisziplinäres Fachgespräch genutzt werden.
- Vor der Durchführung ist es hilfreich, alle Materialien bereitzustellen (herstellen, kopieren ...), den Raum vorzubereiten, Piratenkleidung und Utensilien zu sammeln, sich mit dem Thema und Inhalt vertraut zu machen.
- Auswahl der Gruppengröße: 2-6 Kinder sind ideal; abhängig von Gruppenstruktur, Voraussetzungen der Kinder, Erfahrungen der Beobachterin, Raumgröße, Zeitfaktor
- Zeitbedarf je Geschichte mit 8 Aufgaben: ca. 60 Minuten (je nach Gruppenstruktur und Voraussetzungen der Kinder: 4 Aufgaben in ca. 60 Minuten)
- Die Kopiervorlagen vergrößern Sie bitte auf DIN A4, wenn nicht anders angegeben.

4.3 Anmerkungen zur Benutzung des Beobachtungsbogens

Die Beobachtungsbögen zu den Geschichten 1-3 finden Sie im Anhang als Kopiervorlage.
Sie dienen der Dokumentation Ihrer Beobachtungen und sind wie folgt aufgebaut:

In der linken Spalte ist der Titel der Aufgabe der jeweiligen Geschichte mit den dazugehörenden Beobachtungsmerkmalen aufgeführt. Die mittlere Spalte beschreibt die „korrekte“ Ausführung der Aufgabe, die rechte gibt Ihnen weitere qualitative Hinweise zu möglichen weiteren Beobachtungen. Diese können durch Ihre persönlichen Notizen ergänzt werden.

Die Analyse der zahlreichen Einzelbeobachtungen unter Hinzuziehung Ihrer weiteren Beobachtungen, Hinweise und Informationen von Kollegen, Eltern und sonstigen im Kontakt mit dem Kind stehenden Personen, können Ihnen zu einem vertiefenden Verständnis für das jeweilige Kind verhelfen.

4.4 Beobachtungsmerkmale

Beobachtungsmerkmale	Geschichte 1	Geschichte 2	Geschichte 3
Gleichgewichtsfähigkeit	Aufgabe 1	Aufgabe 7	Aufgabe 5
Visuelle Wahrnehmung/ Visuelles Gedächtnis	Aufgabe 1 u. 2	Aufgabe 2	
Präferenzdominanz Auge		Aufgabe 2	
Visuomotorische Koordination		Aufgabe 4	
Mental-visuelles Operieren	Aufgabe 6	Aufgabe 8	
Auge-Hand-Koordination		Aufgabe 5	Aufgabe 2 u. 4
Auditive Wahrnehmung/ Aud. Kurzzeitgedächtnis	Aufgabe 3 u. 7		Aufgabe 7
Kinästhetische Wahrnehmung/Kraftdosierung	Aufgabe 4	Aufgabe 1	Aufgabe 5
Körperschema			Aufgabe 3 u. 6
Schnelligkeit	Aufgabe 5	Aufgabe 3	
Reaktion	Aufgabe 5		
Lateralität	Aufgabe 5	Aufgabe 4	
Bilateralkoordination			Aufgabe 1
Feinmotorische Koordination	Aufgabe 8		Aufgabe 4
Handlungsplanung	Aufgabe 8		Aufgabe 4 u. 8
Ausdauer		Aufgabe 3	

Alles im Überblick

	Aufgaben	Beobachtungsmerkmale	Benötigte Materialien
Geschichte 1	1. Auf Deck über Hindernisse steigen	1. Gleichgewichtsfähigkeit, visuelle Wahrnehmung, Reaktion	1. Turnbank, Taue (alternativ Medizinbälle)
	2. Gefahren auf hoher See erkennen	2. Visuelle Wahrnehmung, visuelles Gedächtnis	2. Kopiervorlage 1
	3. Befehle des Kapitän hören	3. Auditive Wahrnehmung, Figur-Grund-Wahrnehmung	3. CD mit Geräuschen, CD-Player
	4. Bärenkräfte dosiert einsetzen	4. Kinästhetische Wahrnehmung, Kraftdosierung, Gleichgewichtsfähigkeit	4. Tau oder langes Seil, 1 Rollbrett
	5. Schnelles Handeln	5. Schnelligkeit, Reaktion, Lateralität	5. 2 Teppichfliesen (30 x 30 cm) oder 2 Softfrisbees, Stoppuhr
	6. Im Dunkeln mit Gegenständen hantieren	6. Taktil-kinästhetische Wahrnehmung, visuell-mentales Operieren	6. Stoffsack, Moosgummi, Kopiervorlage 1
	7. Orientierungssinn schärfen	7. Auditive Wahrnehmung, Raumorientierung	7. Verschiedene Klanggeräte
	8. Flaschenpost anfertigen	8. Feinmotorische Koordination, Handlungsplanung	8. Glasflasche m. Korken, Kopiervorlage 2, Tisch, Stuhl
Geschichte 2	1. Nahrungssäcke in Vorratsecke werfen	1. Kinästhetische Differenzierungsfähigkeit, Auge-Hand-Koord.	1. 6 versch. schwere Sandsäckchen, kl. Kasten o. ähnl. Behältnis
	2. Durch ein Fernrohr etwas erkennen können	2. Präferenzdominanz Auge, visuelles Gedächtnis	2. Papierrolle, Pappröhre, Kopiervorlage 3
	3. Kanonenkugeln zur Kanone bringen	3. Schnelligkeit, Ausdauer	3. 2 kl. Kästen, 6. Gymnastikbälle, Stoppuhr
	4. Schatzkarte entziffern	4. Visuomotorische Koordination, Lateralität	4. Kopiervorlage 4, Stift, Tisch, Stuhl
	5. Schatzkarte ausschneiden	5. Auge-Hand-Koordination	5. Schatzkarte (s. o.), Schere, Tisch, Stuhl
	6. Schiff kapern	6. Sprungkraft, Gleichgewichtsfähigkeit	6. Kreppband
	7. Beute an Bord bringen	7. Gleichgewichtsfähigkeit	7. Turnbank, Beutegüter
	8. Beutegut benennen	8. Taktil-kinästhetische Wahrnehmung, Mental-visuelles Operieren	8. Kissenbezug m. 8 Beutegütern, Buchstaben aus Holz o. ä.
Geschichte 3	1. Nahrungssäcke auf Insel transportieren	1. Bilateralkoordination	1. Sandsäckchen, div. Bälle u. ä.
	2. Kokosnüsse vom Baum abtreffen	2. Auge-Hand-Koordination, Bewegungspräzision	2. Seil/Wäscheleine, Wäscheklammern, hergestellte Kokosnüsse, Tennisbälle
	3. Zugang zur Höhle überwinden	3. Kinästhetische Wahrnehmung, Körperschema, Beweglichkeit	3. Seile
	4. Kompass erstellen	4. Feinmotorische Koordination, Auge-Hand-Koordination, Handlungsplanung	4. Kopiervorlage 5a u. 5b, Musterbeutelklammern, Schere
	5. Gefährlichen Weg zur Hütte überwinden	5. Gleichgewichtfähigkeit, Kinästhetische Wahrnehmung	5. Bierdeckel
	6. Zauber der Felsen entschlüsseln	6. Körperschema	6. Ohne
	7. Zauberspruch merken und nachsprechen	7. Auditives Kurzzeitgedächtnis	7. Ohne
	8. Holz sammeln und anordnen	8. Handlungsplanung, Feinmotorische Koordination	8. Holzstäbchen

Abb.: Aufgaben, Beobachtungsmerkmale und benötigte Materialien im Überblick

Abenteuer im Piratenland

Abenteuer im Piratenland

Damit man von Anfang an weiß, wer sich hinter den Figuren im Piratenland verbirgt, gibt es eine Beschreibung der einzelnen Personen, um dem Leser einen Eindruck über die unterschiedlichen Persönlichkeiten zu geben. Diese bilden einen Leitfaden für die Geschichten, wie man beim Lesen schnell erkennen kann:

In der Geschichte spielen drei Mädchen, drei Jungen und ein Professor mit.

Marie-Ann kann besonders gut hören. Alles was mit Hören zu tun hat, gefällt ihr. Das Knirschen des Kiesbodens unter ihren Füßen genauso wie das leiseste Singen der Vögel. In der Geschichte hilft ihr diese Fähigkeit, Jan vor einer anschleichenden zischenden Schlange zu warnen und ganz früh das Herannahen des feindlichen Piratenschiffes zu verkünden, da sich die Mannschaft durch den Gesang von Seemannslieder verrät. Sie verfügt über Mut und Tatendrang.

Ole ist ein achtsamer und aufmerksamer Junge. Zuhause passt er viel auf seinen kleinen Bruder auf. Er liest ihm Geschichten vor und schaut sich unzählige Bilderbücher mit ihm an. Daraus lernt er selber sehr viel. Er kann Gelesenes gut im Gedächtnis behalten und erkennt schnell Zusammenhänge, die sich über das Sehen ergeben. In der Geschichte hilft es ihm und der Mannschaft, Papierfetzen als Schatzkarte zu entziffern und nur aus ein paar verwaschenen Zeichen einen Kompass zu erkennen.

Sofie ist ein neugieriges und vorwitziges Kind. Sie will immer alles sofort entdecken, ohne Rücksicht auf Gefahren. Auf diese Art und Weise wird auch der Papierfetzen der Schatzkarte entdeckt. Da sie meistens den anderen Kindern voraus läuft, findet sie auch als erste die Felsen, die die Mannschaft zum Zugang des Schatzes führt.

Jan gehört zu den Kindern, die nur selten ruhig sein können. Sein Temperament ist einzigartig. Er tobt gerne und hüpft manchmal wie ein kleiner Kobold hin und her. Deshalb kann er sich auch bestimmte Dinge nicht so gut merken, weil er oft abgelenkt ist. Wenn es aber darauf ankommt oder ihn etwas besonders interessiert, dann kann er auch ganz lange einer Geschichte zuhören – z.B. der von Robert. Oder er reagiert ganz schnell bei Gefahrensituationen und kann deshalb in der Geschichte Sofie retten. Außerdem zeigt er mehrmals seine ausgezeichneten Fähigkeiten bei schnellen und kräftigen Sprüngen.

Lisa ist anfangs ein stilles und zurückhaltendes Mädchen. Sie redet nicht gerne, weil sie dabei anfängt zu stottern. Weil sie das weiß und ihr das peinlich ist, wird sie immer so aufgeregt, dass das Ganze nur noch schlimmer wird. Sie wünscht sich nichts mehr, als dieses Stottern zu beherrschen. Im Eifer der Geschichte passiert es: Sie schreit, ruft die Mannschaft zusammen, spricht laut und deutlich, so dass alle nur noch staunen können. Lisa genießt still und entwickelt Selbstsicherheit.

Robert ist ein exzellenter Geschichtenerzähler. Das hat er bestimmt von seinem Vater, denn der ist Professor für Geschichte. Er verzaubert mit seiner Fantasie und seiner Erzählweise so sehr, dass alle Kinder sich wie in einem Film glauben. Und sogar Jan bleibt mit ganz viel Geduld dabei. Das freut Robert besonders.

Professor Spitzbart, den gibt es wirklich, ist der Kapitän in der Pirategeschichte und außerdem der Vater von Robert. Er ist an der Universität Professor für Geschichte und lehrt und erklärt Studenten, die Lehrer werden wollen, die Welt. Und das auf immer wieder ungewöhnliche Weise. Er ist zwar sehr streng und seine Sprache oft schroff und bestimmend, so dass man ihm keine Widerworte geben will, doch bei besonders schönen Ereignissen kann er auch sehr freundlich sein. Und das überrascht dann alle!

Aufbruch ins Piratenland

Geschichte 1

Jeden Nachmittag treffen sich die Freunde Lisa, Ole, Jan, Marie-Ann, Robert und Sofie. Die Kinder gehen gemeinsam zur Schule und sind schon viele Jahre dicke Freunde, eine echte Clique. Sie wohnen alle in einer Siedlung. Dort gibt es auch eine kleine Grünanlage, in der ein Labyrinth aus vielen Büschen gepflanzt wurde. In der Mitte steht eine Parkbank.

Marie-Ann liebt es, den feinen Kiesweg entlang zu laufen, das Knirschen unter ihren Schuhen zu hören und dort ihre Freunde zu treffen. Ole kommt immer zu spät. Der Treffpunkt der Clique um Punkt drei Uhr ist für ihn zu früh. Er muss immer auf seinen kleinen Bruder aufpassen, denn seine Mutter kommt erst um drei Uhr von der Arbeit nach Hause. Heute rennt er ganz schnell zum Treffpunkt Bank und kommt außer Atem an. Er will nichts verpassen. Die großen Ferien sind zu Ende und Sofie drängt neugierig die anderen Kinder: „Los, fangt schon an und erzählt, was ihr in den Ferien erlebt habt." Jan mag das eigentlich nicht, er tobt viel lieber herum. Das gefällt ihm besser, als jemandem in Ruhe zuzuhören. Und Lisa, die traut sich eigentlich gar nicht etwas zu erzählen. Ganz aufgeregt wird sie immer, dass sie zu Stottern anfängt. Das ist ihr peinlich. Aber in der Clique fühlt sie sich wohl und so stört es sie meistens nicht.

Heute warten alle nur auf Robert. Seine Erzählungen sind die besten, weil sie so spannend sind. Robert kann Geschichten erzählen, dass man glaubt, man wäre in einem Film. Sein Vater ist ein bekannter Professor für Geschichte. Professor Spitzbart, so heißt er wirklich, arbeitet an der Universität und unterrichtet dort Studenten, die Lehrer werden wollen. Er ist bekannt dafür, dass er die ungewöhnlichsten Dinge mit ihnen unternimmt, um sie in alte Zeiten eintauchen zu lassen. In diesen Ferien brach er mit ihnen zur „Spanischen See" auf, um die Geschichte der Seefahrer, Piraten und Freibeuter zu entdecken. Und Robert durfte dabei sein!

Während Robert erzählt, entstehen in den Köpfen der Kinder Bilder, die plötzlich in Bewegung geraten – und die ganze Clique findet sich jetzt an einem für sie ungewöhnlichen Ort wieder. Dort warten sie auf die Befehle von Kapitän Spitzbart.

„Wenn ihr zur See fahren wollt, um Abenteuer zu erleben, müsst ihr zuerst eine Tauglichkeitsprüfung ablegen. Taugenichts haben an Bord eines Piratenschiffes nichts zu suchen, denn das Leben auf hoher See ist sehr hart." Nachdem sich die Freunde einig sind mitzumachen, warten alle ganz gespannt auf das neue Abenteuer. „Zuerst", so redet Kapitän Spitzbart weiter, „müsst ihr wie echte Piraten aussehen. Dann kann die Prüfung losgehen. Kommt mit!" Sie treten in einen riesigen Raum. So etwas kennt man nur aus Filmen oder Computerspielen. Hier gibt es alles, um ein Seeleben wahrhaftig zu erleben.

„Das Allerwichtigste ist die Seetauglichkeit. Monatelang werdet ihr auf hoher See sein und keinen festen Boden unter den Füßen haben. Ihr müsst auf viele Dinge gleichzeitig achten. Das Schiff schaukelt, wankt, und ihr müsst viele Hindernisse nehmen, um an Deck nicht über Bord gespült zu werden." Einer nach dem anderen durchläuft den ersten Teil der Prüfung. Zum Ausruhen bleibt keine Zeit, denn schon hören sie die laute Stimme des Kapitäns.

„Eure Augen helfen euch beim Überleben. **Gefahren wie Piratenschiffe, fremde Piratenflaggen, drohendes Unwetter am Horizont, Rettungsinseln in der Ferne und alles, was an Bord eines Piratenschiffes gehört wie z.B. Anker, unterschiedliche Pistolen, Segel, Steuerrad, Dukaten, Schatzkarte, Fernrohr, Schiffskanone, Dolch müsst ihr mit euren Augen erkennen können.**" Bei diesen vielen Worten wird Jan schon ganz schwindelig: Wie soll er das bloß alles behalten! Und Ole denkt an seinen kleinen Bruder und freut sich. Wie gut, dass er immer mit ihm die Bilderbücher mit Piraten anschaut.

„Hört mir zu", schreit plötzlich Kapitän Spitzbart aus der hintersten Ecke. Er hat sich hinter einen Stapel von Kisten versteckt. Dann stellt er eine Maschine an – der Raum ist augenblicklich erfüllt von Meeresgeräuschen – und ruft den Kindern laute Befehle zu, deren Bedeutung und Sinn sie erkennen müssen. **„Auf hoher Fahrt tobt das Meer sehr laut, aber meine Befehle durchschneiden jedes Geräusch"**, ruft Spitzbart mit hochrotem Kopf. Es jubelt in Marie-Ann. Sie hört nicht nur das Knirschen des Kiesweges unter ihren

Schuhen so gerne, sie ist auch bekannt dafür, selbst das entfernteste Singen eines Vogels wahrzunehmen. In Sofie schlagen hohe Wellen der Neugierde übereinander. Sie juchzt innerlich, denn so etwas hat sie sich schon immer gewünscht. Abenteuer erleben, nicht wissen, wo eine Reise endet, der Gefahr ins Auge blicken, voller Mut und Tatendrang – hier ist sie richtig.

Wie von der Kanonenkugel in eine andere Ecke geschossen, sehen sie Spitzbart plötzlich ein langes Tau bedienen. „Ihr braucht die ganze Kraft, die ihr habt. Wichtig ist nur, dass ihr erkennt und fühlt, wie ihr sie am besten einsetzen könnt. **Anker lichten, Segel setzen, Nahrungssäcke transportieren. Für jede dieser Tätigkeiten braucht ihr Kraft. Wenn ihr übt, könnt ihr sie gut einsetzen. Auch die Mädchen verfügen über Bärenkräfte, ihr müsst es nur wissen und fühlen.“** Die ganze Clique ist baff. Besonders die Jungen. Haben sie richtig gehört? „Auch die Mädchen haben Bärenkräfte!“ hat der Kapitän lauthals gerufen. Die Mädchen fangen an, ihre Muskeln zu bewegen und sind sichtlich stolz auf diese Bemerkung. Lisa lächelt still in sich hinein und wünscht sich nichts sehnlicher, als mit dieser Kraft in sich ihr Stottern zu beherrschen.

Plötzlich rauscht etwas an ihren Köpfen vorbei. Sie können nur noch hinterher schauen und weg ist es. „Zu spät“, ist der Kommentar von Kapitän Spitzbart. „An Bord kann es den Tod für euch bedeuten. **Schnelles Handeln ist auf Piratenschiffen höchstes Gebot.** Vor allem der Wechsel von tagelangem Faulenzen in brennender Hitze und plötzlichem Abenteuerleben.“ Jan freut sich riesig und hüpft wie ein kleiner Kobold hin und her. Das ist genau das Richtige für ihn, da kann er endlich allen zeigen, wie schnell er reagieren kann.

Hinter sich hören sie ein schleifendes Geräusch. Schlagartig drehen sich alle Freunde der Clique um und sehen, wie Spitzbart einen riesigen Sack transportiert. Sofie will sofort hinein schauen, aber der Kapitän erklärt: „Auf hoher See ist das Wetter oft so rau, dass peitschender Regen, dichter Nebel und Dunkelheit das Sehen schwer machen. Trotzdem müsst ihr handeln, sonst könnte es schlecht für euch ausgehen. **Die Segel z.B. müsst ihr im Schlaf setzen, eure Pistole nur durch Erfühlen erkennen. Was ihr schon kennen gelernt habt, müsst ihr im Sack fühlen können.“** Ole hat sich schon so oft die Bilder im Lieblingsbuch seines Bruders angeschaut, dass er nun wirklich jeden Gegenstand auf dem Bild kennt und erfühlen kann.

Es scheppert und kracht aus jeder Ecke des riesigen Raumes. Was hat Spitzbart nun schon wieder vor? „Was ich euch hier zeige und erkläre, werdet ihr gleich selbst ausprobieren. **Hier geht es um euren Orientierungssinn, der an Bord sehr wichtig ist. Es muss euch auf Deck gelingen, in der Dunkelheit eine bestimmte Strecke zu gehen, auch wenn alles schwarz ist. In der Enge der Kajüte ist es ähnlich. Wie blind müsst ihr euch im Raum zurecht finden können.“** Alle Kinder der Clique lösen diese Aufgabe ohne Probleme. Vielleicht, weil sie jeden Tag durch ein Labyrinth laufen.

„Die letzte Aufgabe der Tauglichkeitsprüfung kann euer Leben retten“, zischt Spitzbart. Er demonstriert, wie gut er mit seinen Händen fühlen und hantieren kann, indem er an einem alten Fischernetz flink und fein ein Loch mit Nadel und Faden repariert. Die Kinder stehen mit offenem Mund daneben, und sehen sich einer letzten Aufgabe gegenüber. **Nun üben sie erst einmal, was der Kapitän ihnen gezeigt hat: Papier mit aufgemaltem Piratenschiff ganz klein zusammen rollen, Bindfaden darum wickeln, in eine Flasche stecken und Korken drauf**. So wissen sie auch, wie sie eine Flaschenpost anfertigen können und gleichzeitig beweisen sie Geschicklichkeit.

„Ihr habt die Tauglichkeitsprüfung geschafft und seid nun bereit, auf hoher See spannende Abenteuer zu erleben.“

Robert macht eine kleine Pause. Die Kinder der Clique schauen sich gegenseitig an und glauben, geträumt zu haben. Aber sie sitzen alle in der Mitte des Labyrinths und warten schon ganz gespannt darauf, wie die Abenteuer im Piratenland weitergehen.

Aufgabe 1 Auf Deck über Hindernisse steigen

Beobachtungsmerkmal: Gleichgewichtsfähigkeit
Visuelle Wahrnehmung
Reaktion

Aufgabe 1 Auf Deck über Hindernisse steigen

Aufgabenbeschreibung / Didaktische Umsetzung

Eine umgedrehte Turnbank wird unter die von der Decke hängenden Taue gestellt. Die Taue sind über die gesamte Banklänge verteilt. Diese werden in schwingende Bewegung gesetzt. Die Kinder balancieren vorwärts ohne von den Tauen berührt zu werden.

Variation: 4 Medizinbälle werden auf der umgedrehten Turnbank verteilt, die die Kinder überwinden müssen.

Material

- Turnbank
- Taue
- 4 Medizinbälle

Beobachtungshinweise

Worauf kommt es in der Beobachtungssituation an?

Das Kind steigt ohne Zögern und ohne Mithilfe der Hände auf die umgedrehte Bank, fixiert kontinuierlich mit den Augen die schwingenden Taue und balanciert so, dass es einen Fuß vor den anderen setzt. Es bleibt stehen, um eine Berührung der Taue mit seinem Körper zu vermeiden. Der Bewegungsrhythmus des Kindes ist dem Schwingen der Taue angepasst, die Reaktion (das Stehen bleiben) erfolgt zügig. Die Mitbewegungen der Arme beim Balancieren sind adäquat.

Zusätzliche Beobachtungen

- Das Kind steigt zögernd auf die umgedrehte Bank und steigt immer wieder herunter.
- Das Kind benutzt zur Mithilfe beim Aufsteigen auf die Bank seine Hände.
- Das Kind fixiert nicht oder nur ab und zu mit den Augen die schwingenden Taue.
- Das Kind balanciert so, dass es die Füße „nachschiebt“.
- Das Kind steigt beim Balancieren immer wieder von der Bank.
- Das Kind zeigt assoziierte Mitbewegungen im Gesicht.

- Die Armbewegungen des Kindes sind unkontrolliert.
- Das Kind reagiert nicht oder nur ab und zu auf das Schwingen der Taue, die seinen Körper immer wieder berühren.
- Das Kind reagiert auf Berührungen mit den Tauen, indem es mit deutlichen Mitbewegungen versucht die Balance auf der Bank zu halten oder es steigt herunter.
- Das Kind zeigt keinen eigenen Bewegungsrhythmus in Abhängigkeit zum Schwingen der Taue.
- Das Kind fordert eine Hilfestellung ein.

Aufgabe 2 Gefahren auf hoher See wieder erkennen

Beobachtungsmerkmal: Visuelle Wahrnehmung
Visuelles Gedächtnis

Aufgabe 2 Gefahren auf hoher See wieder erkennen

Aufgabenbeschreibung / Didaktische Umsetzung

Die Kinder betrachten ca. 15 vorbereitete Karten mit Abbildungen typischer Gegenstände aus dem Piratenleben (siehe Kopiervorlage 1). Die Karten werden in fünf Dreierreihen untereinander gelegt. Ohne Sichtkontrolle der Kinder werden 5 Karten entfernt. Die Kinder sollen feststellen, welche Karten fehlen.

Material

- Kopiervorlage 1

Beobachtungshinweise

Worauf kommt es in der Beobachtungssituation an?

Das Kind betrachtet ruhig die Abbildungen, gegebenenfalls werden Fragen zum Verständnis der Gegenstände auf den vorbereiteten Karten gestellt. Das Kind lässt u. U. eine „Strategie“ beim Betrachten und Sich-Merken erkennen (z.B. benennt den Gegenstand auf der Karte, fixiert ihn mit den Augen; hält eine bestimmte Reihenfolge beim Betrachten ein). Nach dem Entfernen der 5 Karten kann das Kind ohne Zögern oder nach kurzem Überlegen die Gegenstände der fehlenden Karten benennen.

Zusätzliche Beobachtungen

- Das Kind betrachtet die Karten indem es mit seinen Augen immer wieder von Karte zu Karte „springt“ (unruhige Augenbewegungen, nicht auf eine Abbildung fixiert).
- Das Kind schaut immer wieder von den Karten auf und blickt um sich herum.
- Das Kind begleitet das Betrachten der Abbildungen mit viel Kommunikation, teilweise auch nicht auf das Thema bezogen.
- Das Kind ist unruhig beim Betrachten und ist mit seinem gesamten Körper „im Einsatz“.
- Das Kind fordert eine eigene Anordnung der Abbildungen ein.
- Das Kind kann nur durch Versuch und Irrtum eine fehlende Karte benennen.

- Das Kind ist nicht in der Lage, fehlende Abbildungen zu benennen.
- Das Kind nennt ziellos bestimmte Gegenstände aus den Abbildungen.

Aufgabe 3 Befehle des Kapitäns hören

Beobachtungsmerkmal: Auditive Wahrnehmung / Figur-Grund-Wahrnehmung

Aufgabe 3 Befehle des Kapitäns hören

Aufgabenbeschreibung / Didaktische Umsetzung

Den Kindern wird die beiliegende CD mit Meeresrauschen und Befehlen des Kapitäns vorgespielt. Die Kinder sollen jeweils zwei Befehle heraushören und benennen.

Material

- CD mit Meeresrauschen und Befehlen des Kapitäns (siehe Anhang)

Beobachtungshinweise

Worauf kommt es in der Beobachtungssituation an?

Das Kind hört sich ruhig die Geräusche und Begriffe an. Es reagiert auf die Begriffe, indem es diese ohne Zögern benennen kann. Es lässt sich dabei nicht von den Meeresgeräuschen ablenken.

Zusätzliche Beobachtungen

- Das Kind ist beim Hören der CD unruhig.
- Das Kind wendet sich mit einem Ohr zur Geräuschquelle.
- Das Kind wechselt immer wieder das Ohr, das sich zur Geräuschquelle wendet.
- Das Kind kann keine Befehle heraushören.
- Das Kind kann die Befehle nicht wiedergeben.

Aufgabe 4 Bärenkräfte dosiert einsetzen

Beobachtungsmerkmal: Kinästhetische Wahrnehmung
Kraftdosierung
Gleichgewichtsfähigkeit

Aufgabe 4 Bärenkräfte dosiert einsetzen

Aufgabenbeschreibung / Didaktische Umsetzung

Ein Tau oder langes Seil wird quer durch die Halle gespannt (ungefähr in Schulterhöhe der Kinder). Die Kinder sitzen im Schneidersitz oder knien im Fersensitz auf einem Rollbrett und ziehen sich mit beiden Händen am Seil entlang durch die Halle ohne vom Rollbrett zu fallen. Um den Schwierigkeitsgrad vor allem bei älteren Kindern zu erhöhen, kann zusätzlich ein Sandsäckchen auf dem Kopf transportiert werden.

Material

- Tau oder langes Seil (z.B. Kletterseil)
- 1 Rollbrett

Beobachtungshinweise

Worauf kommt es in der Beobachtungssituation an?

Das Kind sitzt im Schneidersitz oder kniet im Fersensitz auf dem Rollbrett und findet eine Ausgangsposition, die es ihm ermöglicht, sich mit einer angemessenen Haltungskontrolle an dem Seil entlang zu hangeln. Das Kind tut dies, indem es eine Hand vor die andere setzt ohne dabei seinen Bewegungsrhythmus zu unterbrechen. Die Kraftdosierung der Arme/Hände ist angemessen.

Zusätzliche Beobachtungen

- Das Kind findet keine Ausgangsposition auf dem Rollbrett, die ihm eine ökonomische/flüssige Ausführung der Aufgabe ermöglicht.
- Das Kind ist nicht in der Lage, eine stabile Haltungskontrolle aufzubauen. Es muss immer wieder seitlich ausweichen oder es fällt vom Rollbrett.
- Der Krafteinsatz des Kindes ist nicht so dosiert, dass es die gesamte Strecke überwinden kann.
- Das Kind äußert über seine Körperhaltung und seine Sprache die Anstrengung dieser Aufgabe.

Aufgabe 5 Schnelles Handeln

Beobachtungsmerkmal: Schnelligkeit / Reaktion
Lateralität

Aufgabe 5 Schnelles Handeln

Aufgabenbeschreibung / Didaktische Umsetzung

Die Kinder legen 2 Teppichfliesen (30 x 30 rutschfest) oder 2 Softfrisbees nebeneinander auf den Hallenboden. Sie stellen sich mit beiden Füßen auf eine Teppichfliese, so dass sie mit beiden Händen die andere greifen und seitlich umsetzen können.

Auf ein Zeichen hin, nehmen sie mit beiden Händen die freie Teppichfliese/Softfrisbee und legen sie so seitlich neben sich, dass sie sich mit beiden Füßen darauf stellen können. Anschließend greifen sie wieder die frei gewordenen Teppichfliese/Softfrisbee und wiederholen den oben beschriebenen Vorgang 10mal. Die Richtung des seitlichen Umsetzens kann das Kind zu Beginn selber bestimmen. Beim zweiten Durchgang wechselt es die Richtung.

Material

- 2 Teppichfliesen in der Größe 30 x 30 (aus Gummi oder Teppichfliese mit gummierter Rückseite) oder 2 Softfrisbees
- Stoppuhr

Beobachtungshinweise

Worauf kommt es in der Beobachtungssituation an?

Das Kind legt zwei Teppichfliesen nebeneinander auf den Boden und stellt sich mit beiden Füßen auf eine Teppichfliese. Anschließend greift es mit beiden Händen die freie Fliese und legt sie seitlich (rechts oder links) neben sich und stellt sich mit beiden Füßen darauf. Diesen Vorgang wiederholt das Kind 10mal in seinem eigenen Bewegungstempo und -rhythmus bei gleichzeitig stabiler Gleichgewichtskontrolle. Es ist in der Lage, sowohl nach rechts und nach links die Teppichfliesen immer mit beiden Händen seitlich umzusetzen.

Hinweis: Die Zeitnahme mit der Stoppuhr dient der Motivation der Kinder, diese Aufgabe möglichst schnell durchzuführen. Wir haben dazu keine Vergleichsnormen festgelegt. Bei einer wiederholten Durchführung zu einem späteren Zeitpunkt kann diese Zeitnahme als individueller Vergleichswert dienen.

Zusätzliche Beobachtungen

- Das Kind organisiert sich umständlich beim Legen der Teppichfliesen auf dem Boden.
- Das Kind schafft keinen fließenden Wechsel vom Aufsetzen der Füße und Umsetzen der Teppichfliese, es macht immer wieder eine Pause.
- Das Kind verliert immer wieder die Gleichgewichtskontrolle.
- Das Kind greift die Teppichfliese immer wieder mit einer statt mit beiden Händen.
- Das Kind übergibt die Teppichfliese vor der Körpermitte in die andere Hand.
- Das Kind bewegt sich mit Anstrengung, vor allem vom Stand in die Hocke und wieder zurück.
- Das Kind schafft es nicht 10mal, die Aufgabe in der o. g. Ausführung zu erledigen, es bricht vorher ab.

Aufgabe 6 Im Dunkeln mit Gegenständen hantieren

Beobachtungsmerkmal: Taktil-kinästhetische Wahrnehmung Visuell-mentales-Operieren

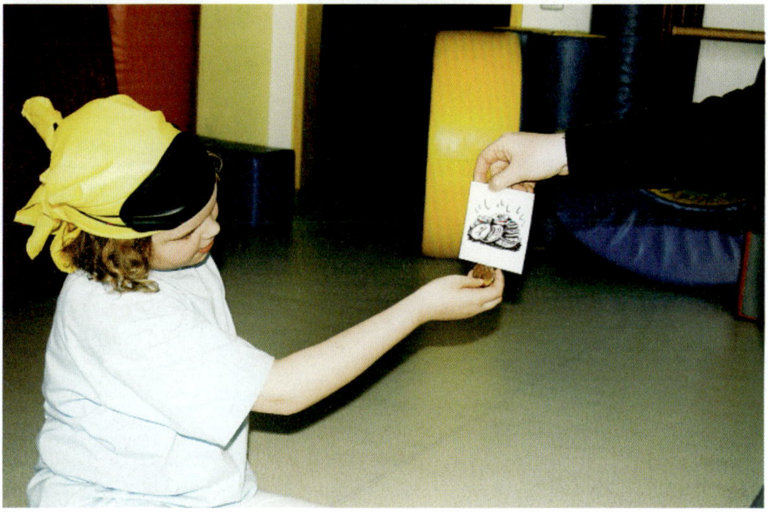

Aufgabe 6 Im Dunkeln mit Gegenständen hantieren

Aufgabenbeschreibung / Didaktische Umsetzung

In einem Sack befinden sich 5-8 (je nach Alter) aus Moosgummi angefertigte „Gegenstände“, die Bestandteile des Piratenalltags sind. Auf den Bildkarten (Kopiervorlage 1) sind die passenden Abbildungen zu den „Gegenständen“. Dem Kind wird eine Bildkarte gezeigt, die es benennen soll. Der Gegenstand auf der Karte soll aus dem Sack ausschließlich durch Tasten und Fühlen erkannt werden. Das Kind soll insgesamt 5 Karten anschauen und herausfinden. Der Gegenstand wird immer wieder in den Sack/Tastbox zurückgelegt.

Material

- Stoffsack oder Tastbox
- Kopiervorlage 1, Moosgummi (4mm)
- Arbeitshinweis:
  Die Abbildungen von Kopiervorlage 1 werden auf Moosgummi geklebt und entsprechend ausgeschnitten.
  Die Aufgabe erfordert einen erhöhten Arbeitsaufwand.

Beobachtungshinweise

Worauf kommt es in der Beobachtungssituation an?

Das Kind betrachtet die ihm gezeigte Bildkarte und benennt die Abbildung darauf. Es greift mit der rechten oder linken Hand oder mit beiden Händen in einen Stoffsack und findet durch Tasten und Fühlen zügig den passenden Gegenstand heraus. Das Kind ist in der Lage, 5 Gegenstände zu benennen und diese zu finden.

Zusätzliche Beobachtungen

- Das Kind hat Schwierigkeiten die Abbildungen, die ihm gezeigt werden, zu benennen.
- Das Kind wechselt beim Tasten und Fühlen im Stoffsack immer wieder die Hand.
- Das Kind handelt nach Versuch und Irrtum.
- Das Kind sucht „planlos“ im Stoffsack nach Gegenständen.

- Das Kind findet weniger als 5 oder gar keine Gegenstände passend zu den Abbildungen heraus.
- Das Kind sucht im Stoffsack mit permanenter verbaler Begleitung.
- Das Kind zeigt assoziierte Mitbewegungen im Gesicht.
- Das Kind hat einen erhöhten Muskeltonus

Aufgabe 7 Orientierungssinn schärfen

Beobachtungsmerkmal: Raumorientierung
Auditive Wahrnehmung

Aufgabe 7 Orientierungssinn schärfen

Aufgabenbeschreibung / Didaktische Umsetzung

Fünf Kinder stehen mit jeweils einem Klanggerät in den Händen in unregelmäßigen Abständen hintereinander. Auf ein Zeichen hin erzeugen alle Kinder gleichzeitig Geräusche damit. Das Kind soll nun mit geschlossenen Augen (Augenbinde) slalomartig einen Weg durch die Reihe finden, indem es sich nach den Klängen orientiert.

Variation

Fünf Kinder verteilen sich in einem Abstand von ca. 3-4 Metern zueinander mit je einem Klanggerät im Raum.
Auf ein Zeichen hin erzeugt das erste Kind fortlaufend Geräusche. Das Kind nähert sich mit geschlossenen Augen auf direktem Weg dieser Geräuschquelle. Dann erzeugt das zweite Kind ein Geräusch etc.

Material

- Verschiedene Klanggeräte (Anzahl abhängig von Gruppengröße), die sich in Ihrer Klangqualität eindeutig unterscheiden

Beobachtungshinweise

Worauf kommt es in der Beobachtungssituation an?

Das Kind lässt sich mit einer Augenbinde die Augen verschließen. Es hört die Geräusche und geht in deren Richtung. Es orientiert sich an den verschiedenen Klanggeräten und bewegt sich zielstrebig so an den Geräuschen entlang, dass es slalomartig an den Kindern vorbei seinen Weg findet.

Zusätzliche Beobachtungen

- Das Kind lässt sich nicht gerne oder gar nicht die Augen verbinden.
- Das Kind wartet erst einige Zeit ab, bevor es losgeht.
- Das Kind bleibt immer wieder stehen.
- Das Kind kann sich nicht nach den Klängen orientieren, es geht immer wieder in eine andere Richtung.
- Das Kind zeigt assoziierte Mitbewegungen im Gesicht und Ausgleichsbewegungen in Armen/Händen.

- Das Kind nutzt Arme und Hände und die eventuelle Berührung mit der „Geräuschsquelle“ zur Orientierung.
- Das Kind ist unsicher in seinem Gleichgewichtsverhalten.
- Das Kind will immer wieder die Augenbinde lösen.
- Das Kind bewegt sich nur teilweise slalomartig um die Kinder herum. Es geht große Raumwege.
- Das Kind zeigt mit dem rechten bzw. linken Ohr (bezogen auf die Nähe zur Klangquelle) unterschiedliche Verhaltensweisen beim Lösen der Aufgabe, z.B.: ist die Klangquelle rechts, bewegt sich das Kind sicherer bzw. umgekehrt (Hinweis auf Ohrdominanz).
- Das Kind hat einen erhöhten Muskeltonus.

Aufgabe 8 Flaschenpost anfertigen

Beobachtungsmerkmal: Feinmotorische Koordination
Handlungsplanung

Aufgabe 8 Flaschenpost anfertigen

Aufgabenbeschreibung / Didaktische Umsetzung

Die Kinder erhalten ein Blatt Papier (DIN A5), auf dem ein Piratenschiff aufgemalt ist. Sie rollen das Papier so eng zusammen, dass es in die Flasche passt, wickeln eine dünne Kordel darum, verknoten diese und stecken alles in die Flasche. Zum Abschluss wird der Korken aufgesetzt.

Material

- Glasflasche (nicht zu dünner Flaschenhals) mit Korken
- Kopiervorlage 2 auf DIN A5 Papier
- dünne Kordel
- Tisch/Stuhl

Beobachtungshinweise

Worauf kommt es in der Beobachtungssituation an?

Das Kind greift das Blatt Papier und rollt es mit beiden Händen gleichzeitig so eng zusammen, dass es durch den Flaschenhals passt. Um die Papierrolle wird mit einer dünnen Kordel ein Knoten gebunden. Anschließend steckt das Kind die Papierrolle so in die Flasche, dass diese nicht im Flaschenhals stecken bleibt. Zum Abschluss setzt das Kind den Korken auf die Flasche.

Zusätzliche Beobachtungen

- Das Kind arbeitet beim Zusammenrollen des Papiers nicht synchron mit beiden Händen.
- Das Kind legt die Papierrolle immer wieder ab und beginnt von vorne.
- Das Kind zerknüllt oder zerreißt das Papier.
- Das Kind rollt das Papier immer wieder in einem zu großen Durchmesser zusammen (Versuch und Irrtum).
- Das Kind kann die dünne Kordel nicht so um die Papierrolle wickeln, dass diese verknotet werden kann.
- Das Kind benötigt viel Zeit zum Verknoten und wechselt immer wieder die Hand.

- Das Kind verliert die Geduld und setzt seine Aufgabe nicht fort.
- Das Kind zeigt assoziierte Bewegungen im Gesicht.
- Das Kind hat einen erhöhten Muskeltonus.

Geheimnisvolle Spuren auf hoher See

Geschichte 2

Robert sitzt aufrecht auf dem Kiesboden in der Mitte des Labyrinths. Die Kinder der Clique haben sich um ihn herum versammelt und Sofie drängt neugierig nach weiteren Abenteuern. Sogar Jan, der sonst nie die Geduld hat, länger einer Geschichte zuzuhören, streckt sich lang auf den Boden, lässt den feinen Kies durch seine Finger rieseln, döst vor sich hin und hört Roberts Stimme. Seine Erlebnisse auf „Spanischer See“ gehen weiter…

„Da ihr alle die Tauglichkeitsprüfung bestanden habt, wisst ihr jetzt, worauf es ankommt. Alle Befehle, die ich ausspreche, müsst ihr umsetzen. Also, zuerst werden alle Nahrungssäcke gut und sicher verstaut, denn die benötigen wir zum Überleben. Helft alle mit, damit wir endlich an Bord von „Die wilde JULIKOTTA“, so hatten sie das Piratenschiff getauft, gehen können“. Kapitän Spitzbarts Worte sitzen und keiner der jungen Piratinnen und Piraten wagt ihm zu widersprechen. Schon nach den ersten Worten sehen sich alle Kinder der Clique am Hafen wieder. **Jeder schleppt unzählige Nahrungssäcke, um sie mit einem gezielten und kräftigen Wurf in die dafür vorgesehene Vorratsecke des Schiffes zu werfen.** Lisa denkt an die „Bärenkräfte“ und schuftet wie niemals zuvor in ihrem Leben. „Los Jungs“, schreit sie lauthals, „packt an, schneller!“ Plötzlich sehen alle Kinder Lisa erstaunt an. Ganz laut und ohne Stottern sind diese Worte über ihre Lippen gekommen. Lisa hat es selbst bemerkt, lässt sich aber nichts anmerken und lächelt nur still in sich hinein.

„Alle Mann an Bord, auch die Mädchen!“ hören sie Spitzbart rufen, der sich bereits auf der „Wilden JULIKOTTA“ befindet. Schnell eilen alle über die Treppe an Bord, ein letzter Blick zum heimatlichen Hafen und die Reise mit unbekanntem Ziel beginnt. Die ersten Tage vergehen wie im Fluge. Sie gewöhnen sich an das Piratenleben, das zwischen Schlafen, Essen, Trinken, Faulenzen, Seemannslieder singen, Deck schrubben, Pistolen putzen und anderen Arbeiten an Bord verläuft.

„Achtung, Piratenschiff in Sicht!“ Mit diesem Schrei von Ole wird die junge Piratenmannschaft aus ihrem Trott gerissen. Jan hat sich, auf der Spitze des Mast sitzend, bemerkbar gemacht. **Er hat sich das Fernrohr gegriffen und wie jeden Tag zur Mittagszeit, wenn die Sonne am höchsten steht, den Horizont nach feindlichen Schiffen abgesucht. Jeder schaut durch das Fernrohr und alle sind sich einig – rasches Handeln ist angesagt!** Endlich, Ole hat solange darauf gewartet. Heute hat er sie entdeckt: eine schwarze, feindliche Piratenflagge mit Totenschädel und überkreuzten Knochen. Schnell hissen sie die rote Piratenflagge an ihrem Schiff „Die wilde JULIKOTTA“ um zu zeigen, dass sie in der aufziehenden Schlacht keine Gnade walten lassen wollen.

„Schnell, schnell“, zischt Kapitän Spitzbart. „Holt alle Kanonenkugeln aus der Kiste und bringt sie zur Kanone. Der Angriff muss jetzt sorgfältig vorbereitet werden.“ Marie-Ann zittert vor Aufregung. Das Schiff ist zwar noch weit genug entfernt, aber schon aus der Ferne glaubt sie das laute Singen der Piratenlieder der Mannschaft zu hören.

„Hilfe, Hilfe, holt mich hier raus!“ tönt es plötzlich aus der hintersten Ecke des Schiffes. Alle Kinder rennen zu Sofie. Von ihrer Neugierde getrieben, entdeckt sie ein altes Buch auf dem morschen Holzboden, das unter einer Waffenkiste zum Vorschein kommt. Es ist das Logbuch des Kapitäns, der vorher dieses Schiff auf hohe See begleitet hat. Als sie danach greifen will erschreckt sie sehr, denn eine Ratte läuft über ihre Hände. Durch den plötzlichen Ruck bricht eine Planke ein und ein Teil von Sofies Füßen befindet sich unter dem Holzboden. Sie fuchtelt so wild hin und her, dass sie immer mehr einsackt. Mit einem mutigen Griff will Jan nach den Füßen greifen und sie befreien, als seine Hände plötzlich etwas fühlen. **Zögernd greift er danach und holt einen Papierfetzen heraus. „Die vielen Punkte darauf müssen wir bestimmt verbinden“, bricht es aus Ole heraus. „Das sieht ja aus wie eine Schatzkarte“.** Wie oft hat er solche Zeichnungen schon in den Bilderbüchern von seinem Bruder angesehen und mit ihm immer wieder eigene Schatzkarten gemalt.

Fast hätten sie Sofie vergessen, die noch immer verzweifelt um ihre Freiheit kämpft. Alle ziehen sie heraus und rennen in die Kajüte. Auf einem Tisch betrachten sie alle die Schatzkarte. **Damit sie alles ganz genau darauf erkennen können, schneiden sie die Karte**

an der gezeichneten Linie aus. „Der Weg führt bestimmt zu einem Schatz“, ruft Lisa und siegessicher wirbelt sie ihre rechte Hand in die Luft – sie erkennt sich selbst nicht mehr wieder.

„Auf zum Angriff, alle an Deck!“ Kapitän Spitzbart ist außer sich, als er niemanden von der jungen Piratenmannschaft sehen kann. Den Fund der Schatzkarte verbergen die Kinder vor ihm, sie wollen erst einmal selbst das Abenteuer in die Hand nehmen und entdecken. „Die wilde JULIKOTTA“ fährt jetzt mit wehenden Fahnen und donnernden Kanonen längsseits und dann setzen sie auf das Schiff der völlig überraschten Mannschaft über. **Mit lautem Geschrei und einer ungeheuren Sprungkraft kapern sie das Schiff und unter ihnen tobt wild und tosend das Meer.** Jan springt allen vorweg, denn das kann er besonders gut. In Windeseile packen sie alles ein, was ihnen wertvoll erscheint. Kostbare Stoffe mit Goldfäden und echten Perlen, Pistolen, Dolche und eine Truhe voll von Schmuck, Edelsteinen und Dukaten. **Über Holzplanken, die Spitzbart ausgelegt hat, bringen sie ihre Beute in Sicherheit. Dabei behalten sie immer die verängstigten Feinde im Blick.**

Als alle jungen Piratinnen und Piraten wieder sicheren Boden unter ihren Füßen haben, dreht der Kapitän das Schiff „Die wilde JULIKOTTA“ ab, mit Kurs auf die hohe See. **Bei einem ausgiebigen Essen und guten Getränken feiert die junge Piratenmannschaft ihren ersten Erfolg und begutachtet in aller Ruhe ihr Beutegut.** Nur Sofie verschwindet plötzlich. Zu neugierig ist sie auf die Schatzkarte und die geheimnisvollen Zeichen darauf. Sie legt die Schatzkarte Kapitän Spitzbart vor.

Dieser hat einen Plan...

Damit endet Robert den zweiten Teil seiner Erlebnisse. „Wie ging alles weiter und welchen Plan hatte Spitzbart?“ Die Kinder reiben sich ihre Augen und sehen sich geheimnisvoll an, denn sie sitzen oder liegen auf dem Kiesboden des Labyrinths. Haben sie geträumt?

Aufgabe 1 Nahrungssäcke in Vorratsecke werfen

Beobachtungsmerkmal: Kinästhetische Differenzierungsfähigkeit
Auge-Hand-Koordination

Aufgabe 1 Nahrungssäcke in Vorratsecke werfen

Aufgabenbeschreibung / Didaktische Umsetzung

6 verschieden schwere Sandsäckchen liegen bereit, die das Kind nacheinander in eine Kiste, einen umgedrehten kleinen Kasten oder in einen großen Eimer werfen soll. Der Abstand beträgt 3 Meter.

Material

- 6 verschieden schwere Sandsäckchen
- kleiner Kasten oder ähnlicher Behälter

Beobachtungshinweise

Worauf kommt es in dieser Beobachtungssituation an?

Das Kind nimmt ein Sandsäckchen und wirft es aus einem Abstand von drei Metern mit einer Hand in das Behältnis. Diesen Vorgang wiederholt das Kind sechsmal.

Zusätzliche Beobachtungen

- Das Kind wirft die Sandsäckchen mit beiden Händen.
- Das Kind wechselt beim Werfen der Sandsäckchen die Hand.
- Das Kind verliert beim Werfen die Balance.
- Die Arm- und Körperbewegungen des Kindes sind unkontrolliert.
- Das Kind hat einen erhöhten Muskeltonus.
- Nicht alle Sandsäckchen landen in dem Behältnis.

Aufgabe 2 Durch ein Fernrohr etwas erkennen können

Beobachtungsmerkmal: Präferenzdominanz Auge
Visuelles Gedächtnis

Aufgabe 2 Durch ein Fernrohr etwas erkennen können

Aufgabenbeschreibung / Didaktische Umsetzung

Acht Bildkarten (Kopiervorlage 3) mit unterschiedlichen Piratenschiffen werden an der Wand (oder an einer Wäscheleine) in einem Abstand von 50 cm voneinander ungefähr in Augenhöhe des Kindes aufgehängt.

Dem Kind wird eine Bildkarte gezeigt, auf der ein Schiff mit einer Flagge abgebildet ist. Anschließend sucht das Kind mit einer Papierrolle oder einer Pappröhre – wie durch ein Fernrohr – das zuvor auf der Bildkarte gesehene Bild aus der Vielzahl der aufgehängten Bilder heraus. Dabei steht das Kind etwa einen Meter vor der Wand/ Wäscheleine. Dies wird dreimal wiederholt.

Material

- Papierrolle oder Pappröhre
- Kopiervorlage 3 (zweimal kopieren auf DIN A4, bei einer Kopie die einzelnen Schiffe ausschneiden)

Beobachtungshinweise

Worauf kommt es in dieser Beobachtungssituation an?

Das Kind schaut sich die Bildkarte mit dem Schiff an. Anschließend führt es das Fernrohr zu seinem Auge (rechtes oder linkes) und sucht das entsprechende Schiff aus der Vielzahl der aufgehängten Bildkarten heraus. Diesen Vorgang wiederholt es insgesamt dreimal. Es schaut dabei immer mit demselben Auge durch das Fernrohr.

Zusätzliche Beobachtungen

- Das Kind wechselt beim Schauen durch das Fernrohr immer wieder das Auge.
- Das Kind schaut ziellos über die Bildkarte ohne dabei einzelne Abbildungen zu fixieren.
- Das Kind findet nicht alle Schiffe wieder.
- Das Kind handelt nach Versuch und Irrtum.

Aufgabe 3 Kanonenkugeln schnell aus Kisten zur Kanone bringen

Beobachtungsmerkmal: Schnelligkeit
Ausdauer

Aufgabe 3 Kanonenkugeln schnell aus Kisten zur Kanone bringen

Aufgabenbeschreibung / Didaktische Umsetzung

In einem umgedrehten kleinen Kasten oder Kastendeckel befinden sich ca. 6 Gymnastikbälle. Im Abstand von 5 Metern steht ein zweiter Kasten. Das Kind soll so schnell es kann die Bälle, einen nach dem anderen, in den Kasten bringen. Die Zeit, die das Kind für diese Aufgabe braucht, wird festgehalten.

Hinweis: Die Zeitnahme mit der Stoppuhr dient der Motivation der Kinder, diese Aufgabe möglichst schnell durchzuführen. Wir haben dazu keine Vergleichsnormen festgelegt. Bei einer wiederholten Durchführung zu einem späteren Zeitpunkt kann diese Zeitnahme als individueller Vergleichswert dienen.

Material

- 2 kleine Kästen / Kastendeckel
- 6 Gymnastikbälle
- Stoppuhr

Beobachtungshinweise

Worauf kommt es in dieser Beobachtungssituation an?

Das Kind nimmt einen Ball aus dem ersten Kasten und läuft zügig zu dem zweiten. Es stoppt rechtzeitig vor diesem ab und legt den Ball hinein. Anschließend läuft es wieder zum ersten Kasten, nimmt den zweiten Ball und läuft mit diesem wieder zum zweiten zurück. Dieser Vorgang wird insgesamt sechsmal wiederholt.

Zusätzliche Beobachtungen

- Das Kind verliert den Ball beim Herausnehmen aus dem Kasten.
- Das Kind führt die Aufgabe in langsamem Tempo durch.
- Das Kind hat Schwierigkeiten rechtzeitig vor dem jeweiligen Kasten abzustoppen.
- Beim Laufen ist das Aufsetzen der Füße deutlich zu hören.
- Das Kind verliert beim Laufen immer wieder den Ball.
- Das Kind unterbricht sein Laufen.

- Das Kind wirft den Ball in den Kasten.
- Das Kind nimmt zwei Bälle gleichzeitig.

Aufgabe 4 Schatzkarte entziffern

Beobachtungsmerkmal: Visumotorische Koordination
Lateralität

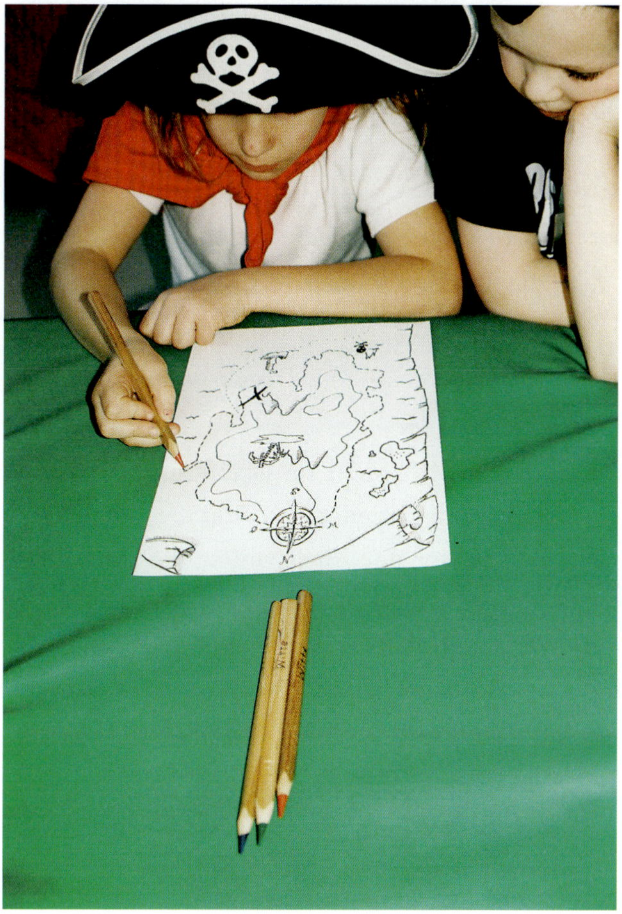

Aufgabe 4 Schatzkarte entziffern

Aufgabenbeschreibung / Didaktische Umsetzung

Das Kind soll die auf der Karte eingezeichnete gestrichelte Linie mit einem Stift verbinden.

Material

- Kopiervorlage 4
- Stift
- Tisch/Stuhl

Beobachtungshinweise

Worauf kommt es in dieser Beobachtungssituation an?

Das Kind legt die Karte vor sich hin, hält den Stift im Dreipunktgriff und verbindet die Linien der Karte zügig miteinander, ohne dass es die Karte drehen und seine Oberkörperposition verändern muss. Der Stift wird mit angemessenem Druck aufgesetzt und geführt.

Zusätzliche Beobachtungen

- Das Kind hält den Stift nicht im Dreipunktgriff.
- Das Kind dreht immer wieder das Blatt
- Das Kind wechselt vor der Körpermitte die „Stifthand“.
- Das Kind verändert seine Sitz- und vor allem Oberkörperposition.
- Das Kind drückt den Stift sehr fest auf.
- Das Kind zeigt assoziierte Mitbewegungen im Gesicht.
- Das Kind hat einen erhöhten Muskeltonus.

Aufgabe 5 Schatzkarte ausschneiden

Beobachtungsmerkmal: Auge-Hand-Koordination

Aufgabe 5 Schatzkarte ausschneiden

Aufgabenbeschreibung / Didaktische Umsetzung

Die Schatzkarte wird ausgeschnitten (es ist darauf zu achten, dass das Kind genau auf der Linie schneidet).

Material

- Schatzkarte (siehe Aufgabe 4)
- Schere (ggf. Linkshänderschere)
- Tisch/Stuhl

Beobachtungshinweise

Worauf kommt es in dieser Beobachtungssituation an?

Das Kind nimmt die Schatzkarte in die eine Hand, in die andere die Schere. Es schneidet auf der markierten Linie die Schatzkarte aus.

Zusätzliche Beobachtungen

- Das Kind kann nicht die Linie entlang schneiden.
- Das Kind benötigt viel Zeit für das Ausschneiden.
- Das Kind zeigt assoziierte Mitbewegungen im Gesicht.
- Das Kind unterbricht immer wieder den Schneidevorgang.
- Das Kind schaut beim Schneiden immer wieder auf und blickt um sich herum.
- Das Kind korrigiert immer wieder seine Sitzposition und Oberkörperhaltung.
- Das Kind stützt sich mit dem Arm zur Stabilisierung der Rumpfmuskulatur am Tisch ab.
- Das Kind hat einen erhöhten Muskeltonus.

Aufgabe 6 Schiff kapern

Beobachtungsmerkmal: Sprungkraft
Gleichgewicht

Aufgabe 6 Schiff kapern

Aufgabenbeschreibung / Didaktische Umsetzung

Auf dem Boden werden mit Kreppband Markierungen in unterschiedlicher Weite geklebt (60 cm, 80 cm, 100 cm). Das Kind versucht mit beiden Beinen gleichzeitig von der Ausgangsmarkierung jede dieser 3 Weiten zu springen.

Material

- Kreppband

Beobachtungshinweise

Worauf kommt es in dieser Beobachtungssituation an?

Das Kind stellt sich an die jeweilige Markierung. Es nimmt Schwung, indem es die Beine beugt und beide Arme nach hinten führt. Die Sprungauslösung erfolgt über die Streckung der Beine und ein Nachvorneführen der Arme. Anschließend landet das Kind auf der gegenüberliegenden Markierung, indem es den Sprung mit den Beinen abfedert und eine adäquate Gleichgewichtskontrolle aufbaut.

Zusätzliche Beobachtungen

- Das Kind ist sehr angespannt.
- Das Kind hat Schwierigkeiten, sich vom Boden zu lösen.
- Es erfolgt keine effektive Schwungauslösung.
- Das Kind landet nicht bipedal.
- Das Kind verliert bei der Landung die Haltungskontrolle/das Gleichgewicht.
- Das Kind schafft die vorgegeben Weiten nicht.

Aufgabe 7 Beute an Bord bringen

Beobachtungsmerkmal: Gleichgewichtsfähigkeit

Aufgabe 7 Beute an Bord bringen

Aufgabenbeschreibung / Didaktische Umsetzung

Das Kind balanciert rückwärts über eine umgedrehte Bank und transportiert auf unterschiedlichen Körperteilen (z.B. Schulter, Kopf, Hand) Beutegüter.

Material

- Turnbank
- Beutegüter

Beobachtungshinweise

Worauf kommt es in dieser Beobachtungssituation an?

Das Kind steigt mit dem Beutegut in der Hand auf die Bank. Es legt das Beutegut auf ein vorher benanntes Körperteil und überquert die Bank rückwärts, indem es einen Fuß hinter den anderen setzt. Der Oberkörper ist dabei aufgerichtet.

Zusätzliche Beobachtungen

- Das Kind benötigt Unterstützung beim Aufsteigen auf die Bank.
- Das Kind verliert beim Überqueren die Balance und muss die Bank immer wieder mit einem Fuß verlassen.
- Das Kind schiebt beim Balancieren die Füße rückwärts über die Bank.
- Das Kind beugt seinen Oberkörper nach vorne.
- Das Kind führt die Arme beim Rückwärtsbalancieren seitlich nach oben. Das Ellenbogengelenk ist jeweils um ca. 90° gebeugt, die Handinnenflächen zeigen nach vorne oder sind gefaustet.
- Das Kind schaut beim Rückwärtsbalancieren immer wieder zurück.
- Das Kind verliert sein Beutgut.
- Das Kind hat einen erhöhten Tonus.
- Das Kind zeigt assoziierte Mitbewegungen im Gesicht.

Aufgabe 8 Beutegut benennen

Beobachtungsmerkmal: Taktil-kinästhetische Wahrnehmung
Mental visuelles Operieren

Aufgabe 8 Beutegut benennen

Aufgabenbeschreibung / Didaktische Umsetzung

In einem Sack befinden sich 8 Buchstaben aus Holz, Moosgummi o.ä. Diese sind so ausgewählt, dass jeweils der Anlaut des Beutegutes vorhanden ist. Das Kind ertastet im Sack einen Buchstaben, benennt ihn, holt ihn dann heraus und ordnet diesen dem entsprechenden Beutegut zu. Diesen Vorgang wiederholt es dreimal.

Hinweis: Bei Kindern, die noch nicht alle Anlaute kennen, soll die Form des Buchstabens ertastet und auf einer vorbereiteten Karte wieder erkannt werden.

Material

- 8 Buchstaben aus Holz, Moosgummi o.ä. entsprechend der Anlaute der Beutegüter
- Stoffsack oder Kopfkissenbezug
- 8 Beutegüter

Beobachtungshinweise

Worauf kommt es in dieser Beobachtungssituation an?

Das Kind ertastet mit beiden Händen einen Buchstaben aus dem Sack. Es benennt diesen, nimmt ihn aus dem Sack und ordnet ihn dem jeweiligen Beutegut mit dem entsprechenden Anlaut zu.

Zusätzliche Beobachtungen

- Das Kind greift nur zögernd oder gar nicht in den Sack.
- Das Kind greift ziellos in den Sack und greift immer wieder andere Buchstaben.
- Das Kind hat Schwierigkeiten bei der Diskrimination der Buchstaben.
- Das Kind handelt nach Versuch und Irrtum.
- Das Kind begleitet das Fühlen der Buchstaben mit viel Kommunikation, teilweise auch nicht auf das Thema bezogen.
- Das Kind zeigt assoziierte Mitbewegungen im Gesicht.
- Das Kind kann die Buchstaben nicht dem Beutegut zuordnen.

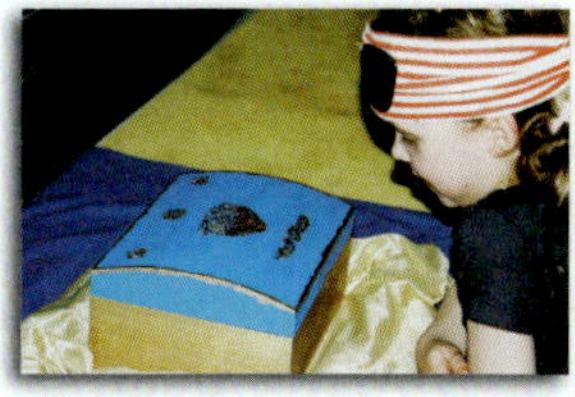

Zauber der Schatzkiste

Geschichte 3

Robert ist erstaunt. Die Kinder der Clique haben nun schon eine ganze Weile seinen Erlebnissen zugehört, doch niemand drängt wie sonst darauf, irgendetwas am Nachmittag zu unternehmen. Erleben sie etwa alle die Abenteuer selbst?

„Land in Sicht, alles fertig machen zum Ankern!" Die Stimme von Kapitän Spitzbart durchschneidet die glitzernde Hitze, die sich über das Meer legt. Die junge Piratenmannschaft döst faul vor sich hin, als sie die Worte wie einen Donnerschlag hören und alle plötzlich hellwach sind. Wie lange sind sie jetzt schon unterwegs und wie lange haben sie genau auf diesen Augenblick gewartet. Sie machen sich sofort bereit, Spitzbarts Befehlen zu folgen.

Sie sehen sich auf einer Insel wieder, die sich mit aller Schönheit vor ihnen ausbreitet. Palmen, weißer Sandstrand, Geschrei exotischer Vögel und eine große Weite erstaunen alle. **Zuerst bringen sie die Nahrungssäcke in Sicherheit. Damit sie nicht soviel laufen müssen, stellen sie sich hintereinander auf und werfen sich die Säcke so zu, wie der Kapitän es ihnen gezeigt hat.**

„Kommt alle mit!" stürmt Sofie einen Weg entlang und bleibt vor einem Baum stehen, den die jungen Piratinnen und Piraten nur aus den Büchern oder dem Fernseher kennen. An riesigen Palmen hängen echte Kokosnüsse! Nach der langen Zeit auf hoher See und dem einfachen Essen wächst der Appetit auf Frisches. **Ole findet schnell eine Lösung, an diese Früchte heranzukommen. Mit auf dem Boden liegenden Ästen und Steinen werfen sie auf die Kokosnüsse – mit Erfolg. Eine nach der anderen landen auf dem Boden.** „Schaut her, ich zeige euch, wie man die Kokosnüsse öffnet", triumphiert Lisa stolz und niemand wundert sich mehr über ihre klaren Worte.

Erschöpft und müde, aber glücklich, wieder festen Boden unter den Füßen zu haben, bereitet sich die junge Piratenmannschaft einen sicheren Schlafplatz unter einem dichten Blätterdach der Palmen. Nur noch im Halbschlaf hören sie Spitzbarts Worte: „Morgen bei Sonnenaufgang erzähle ich euch meinen Plan, denn den Weg zur Schatzkiste kenne ich."

Am nächsten Morgen folgen sie dem Kapitän ganz aufgeregt. „In einer entlegenen Höhle im Norden der Insel hatte vor langer Zeit eine Mannschaft von Freibeutern ihr Versteck. Einen Teil ihrer Beute behielten sie für sich. Man erzählt sich Geschichten von den kostbarsten Schätzen." Und die Augen des Kapitäns funkeln. Die Reise wird immer abenteuerlicher. „Pass' auf", schreit Marie-Ann. Sie hat das leise Zischen der Schlange gehört, die sich Jan's Füßen nähert. Mit einem geschickten Sprung bringt er sich in Sicherheit. Mittlerweile haben sie die Höhle erreicht, in der Spitzbart die Schatzkiste vermutet. Das erste Hindernis liegt vor ihnen. **„Hier beginnt der Zauber der Schatzkiste. Folgt diesen Sätzen: Geht ihr hinein, ist das Loch klein – geht ihr hinaus, ist das Loch groß."** Mit geheimnisvoller Stimme vernehmen sie diese Worte aus Spitzbarts Mund. So haben sie ihn noch nie erlebt, streng und schroff klingen sonst seine Befehle.

Nachdem sie in der dunklen Höhle, die nur von einem einzigen Sonnenstrahl erhellt wird, lange umhergeirrt sind, wächst die Verzweiflung in Spitzbart. Er hat sich getäuscht! Still faltet er die Schatzkarte auseinander und alle jungen Piratinnen und Piraten versuchen die geheimnisvollen Zeichen darauf zu entziffern. Ole erkennt es sofort. Es sind die verwaschenen Zeichen oder das, was davon übrig geblieben ist, von einem Kompass. Deutlich erkennt er, dass darauf die Richtung Süd-Süd-Ost eingetragen ist. Der Kapitän kennt die Insel und so führt sie das Abenteuer zu einer verlassenen Hütte. **Zuvor bekommt jeder vom Kapitän einen Kompass. Dieser ist allerdings in alle Einzelteile zerlegt, so dass sie ganz mühsam alles zusammenbringen müssen.** Aber so lernen sie wenigstens, wie ein Kompass funktioniert.

Das nächste Hindernis wartet nicht lange. **Der Weg zur verlassenen Hütte ist gefährlich, der Boden so uneben, dass sie genau schauen müssen, wohin sie treten. Der Kapitän geht voran und die junge Piratenmannschaft nimmt dieselben sichern Fußtritte wie Spitzbart.**

Sofie ist die erste, die sie entdeckt und ihre Augen leuchten hell vor Begeisterung. So etwas hat sie niemals zuvor gesehen. Vor Spitzbart und den jungen Piratinnen und Piraten liegen riesengroße, in unterschiedlichen Farben strahlende Felsen, deren Formen ganz ungewöhnlich sind. Sie sind so groß, dass der Eingang der verlassenen Hütte von ihnen versperrt wird. **Ohne Zögern versucht Lisa, die Formen der Felsen, die sie zuerst mit ihren Händen ertastet mit ihrem Körper nachzumachen.** Plötzlich geschieht etwas Wundersames. Nachdem sie die richtige Form nachgemacht hat, verschwindet der Felsen, er scheint sich in Luft aufgelöst zu haben. Was hat Lisa nur bewirkt? Den Zauber entschlüsselt? Können das auch die anderen? Auch ihnen gelingt es und der Weg zur Schatzkiste ist frei.

Mit staunenden Gesichtern und wie versteinert betrachtet die junge Piratenmannschaft die Kostbarkeit. Wie von Zauberhand geführt, will Marie-Ann die Kiste öffnen, doch wie entfernter Feengesang hören sie den Spruch: „Ohne Worte geht es nicht, sprecht nach im hellsten Sonnenlicht."

Was hat das zu bedeuten? „Jeder hört jetzt ein paar Worte, dies öffnet euch die letzte Pforte." Und schon geht es weiter.

Sofie legt ihr Ohr an die Schatzkiste und hört ihren Spruch: *„Schlangenei und Krötendreck, was hier war, das ist jetzt weg."* Sofie spricht ihn nach und dann vernimmt sie ein klick-klack, ein erstes Schloss hat sich wie von Geisterhand geöffnet. Die jungen Piratinnen und Piraten tun es ihr nacheinander gleich.

Sprüche der anderen Kinder

Marie-Ann:	„Hasenfuß und Hühnerei, Zaubergeister fliegt herbei."
Ole:	„Eins, zwei, drei, Schnecke ist im Ei."
Lisa:	„Spinnenbein und Fliegenfleck und du bist weg."
Robert:	„Krötenbein und Spinnendreck, ich zaubere dich jetzt weg."
Jan:	„Wami Bami Tami Fami Salami."

Jan hält es nicht mehr aus. Er ist der letzte. Ausgerechnet er, der doch nie so gut abwarten konnte. Jetzt ist er endlich dran. Nachdem er seinen Spruch wiedergibt, springt der Deckel der Schatzkiste auf und es blinkt, funkelt und glitzert, dass die Augen der jungen Piratinnen und Piraten geblendet werden.

Spitzbart findet als erster seine Worte wieder. „Unglaublich, nicht zu fassen, so etwas habe ich noch nicht erlebt" stammelt er vor sich hin, sichtlich bewegt von den Fähigkeiten seiner jungen Piratenmannschaft. „Das wird ein großes Fest. Lasst uns Holz sammeln, damit wir um das Freudenfeuer tanzen können“, jubelt der sonst so strenge Kapitän Spitzbart ganz außer sich. **Die Kinder legen das Holz so übereinander, dass ein stabiler Holzstapel entsteht, damit das Feuer bis zum Sonnenaufgang brennen kann.**

Und sie tanzen und singen bis tief in die Nacht und ihre hellen Stimmen erreichen die Sterne am Himmel, die heute besonders hell leuchten.

Robert endet seine Geschichte mit dem Satz: „Und niemand zweifelte daran, dass wir das Abenteuer wirklich erlebt haben.“ Die Kinder der Clique sind ganz still geworden. Mit großen Augen blicken sie Robert an. War es ein Traum? War es Wirklichkeit?

Die Antwort darauf ist nicht so wichtig, denn jedes der Kinder trägt die Erlebnisse in seinem Herzen weiter. Und das ist schließlich die Hauptsache.

Aufgabe 1 Nahrungssäcke auf Insel transportieren

Beobachtungsmerkmal: Bilateralkoordination

Aufgabe 1 Nahrungssäcke auf Insel transportieren

Aufgabenbeschreibung / Didaktische Umsetzung

Die Kinder stehen in einem Abstand von ca. 4 Metern hintereinander. Kind 1 wird ein „Nahrungssack“ zugeworfen, es fängt ihn mit beiden Händen auf, dreht sich um und wirft ihn zu Kind 2 etc., bis der „Nahrungssack“ beim letzten Kind angekommen ist. Dieser Vorgang wird einige Male mit unterschiedlichen Materialien wiederholt (z.B. Sandsäckchen, diverse Bälle, Tennisring u.ä.).

Material

- Sandsäckchen, diverse Bälle, Tennisring u.ä.

Beobachtungshinweise

Worauf kommt es in dieser Beobachtungssituation an?

Das Kind fängt das zugeworfene Sandsäckchen/den Tennisring/den Ball, indem es beide Hände gleichzeitig und symmetrisch vor dem Körper (ohne dass der jeweilige Gegenstand den Körper berührt) zusammen bringt.

Zusätzliche Beobachtungen

- Das Kind fängt die jeweiligen Gegenstände mit beiden Händen gleichzeitig mit Berührung des Körpers (Körperfangen).
- Das Kind fängt die Gegenstände, die Hände werden asymmetrisch vor den Körper gebracht.
- Das Kind fängt die Gegenstände nicht.
- Das Kind verliert beim Fangen die Balance.
- Das Kind hat einen erhöhten Muskeltonus.
- Die Arm- und Körperbewegungen des Kindes sind unkontrolliert.

Aufgabe 2 Kokosnüsse vom Baum abtreffen

Beobachtungsmerkmal: Auge-Hand-Koordination
Bewegungspräzision

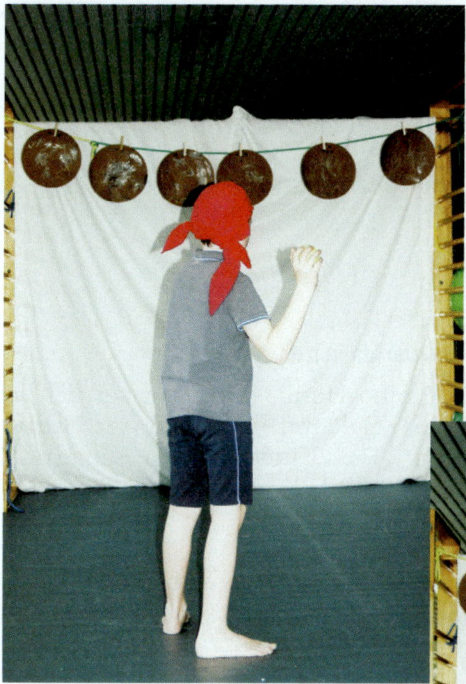

Aufgabe 2 Kokosnüsse vom Baum abtreffen

Aufgabenbeschreibung / Didaktische Umsetzung

An einem gespannten Seil werden mit Wäscheklammern „Kokosnüsse“ (alternativ an der Wand) etwas über Kopfhöhe der Kinder aufgehängt, die aus Pappe oder festem Papier angefertigt werden. Mit einem Tennisball versuchen die Kinder die Kokosnüsse abzutreffen. Die Wurfdistanz beträgt zwischen drei und vier Meter.

Material

- Seil oder Wäscheleine / Wäscheklammern
- Pappe oder festes Papier für die „Kokosnüsse“ (Durchmesser ca. 40 cm)
- Tennisbälle

Beobachtungshinweise

Worauf kommt es in dieser Beobachtungssituation an?

Das Kind nimmt den Tennisball in eine Hand, führt ihn seitlich am Kopf vorbei nach hinten, fixiert das Ziel und wirft ihn mit Schlagwurfbewegung auf die „Kokosnüsse“. Das Kind steht in Schrittstellung. Das Bein gegengleich zur Wurfhand befindet sich vorne.

Zusätzliche Beobachtungen

- Das Kind führt den Wurf nicht mit der Schlagwurfbewegung aus.
- Das Kind fixiert das Ziel nicht mit seinen Augen.
- Die Bewegungen des Kindes beim Wurf sind unkontrolliert und ungesteuert.
- Das Kind kann den Ball nicht über die Distanz von vier Metern werfen.
- Das Kind trifft die „Kokosnüsse“ nicht.
- Das Kind steht mit seinen Füßen nahezu parallel.
- Das Kind verliert beim Werfen die Balance.
- Das Kind hat das Bein seitengleich zur Wurfhand nach vorne gestellt.

Aufgabe 3 Zugang zur Höhle überwinden

Beobachtungsmerkmal: Kinästhetische Wahrnehmung
Beweglichkeit
Körperschema

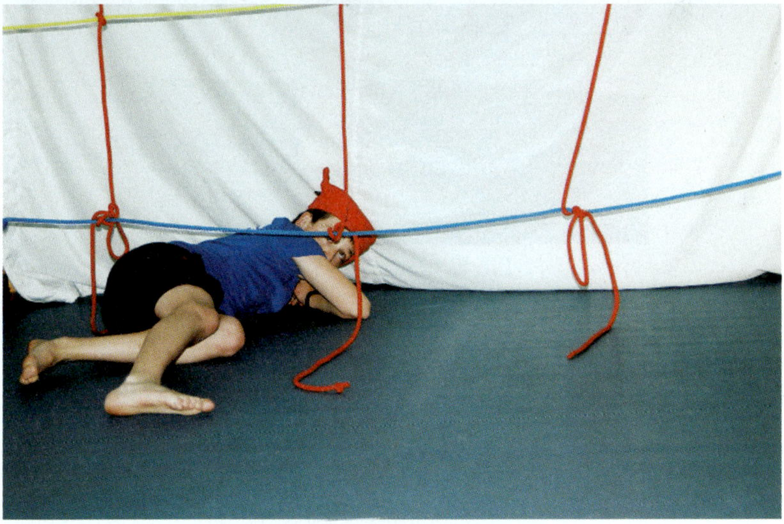

Aufgabe 3 Zugang zur Höhle überwinden

Aufgabenbeschreibung / Didaktische Umsetzung

Aus Seilen wird ein „Spinnennetz" geknotet und so befestigt, dass ein Durchsteigen durch die einzelnen Öffnungen möglich ist. Das Kind schätzt ab, durch welche Öffnung sein Körper passt und windet sich ohne Berührung hindurch.

Variation: Das „Spinnennetz" kann auch im Außengelände zwischen Bäume gespannt werden.

Material

- Seile

Beobachtungshinweise

Worauf kommt es in dieser Beobachtungssituation an?

Das Kind schaut sich das Spinnennetz an und entscheidet nach kurzer Überlegung, durch welche Öffnung es hindurch steigen möchte. Das Kind passt seine Bewegung der Größe, Form und Höhe der entsprechenden Öffnung an (z.B: bei bodennaher Öffnung robbt das Kind auf allen Vieren hindurch; bei einer höher gelegenen Öffnung es erst mit einem Bein hindurch und windet dann sukzessive seinen Körper durch) und steigt durch diese, ohne die Seile zu berühren.

Zusätzliche Beobachtungen

- Das Kind kann sich nicht entscheiden, durch welche Öffnung es steigen soll.
- Das Kind passt seine Bewegungen nicht der Größe, Form und Höhe der gewählten Öffnung an.
- Das Kind spürt nicht, wenn es die Seile berührt.

Aufgabe 4 Kompass herstellen

Beobachtungsmerkmal: Feinmotorische Koordination
Auge-Hand-Koordination
Handlungsplanung

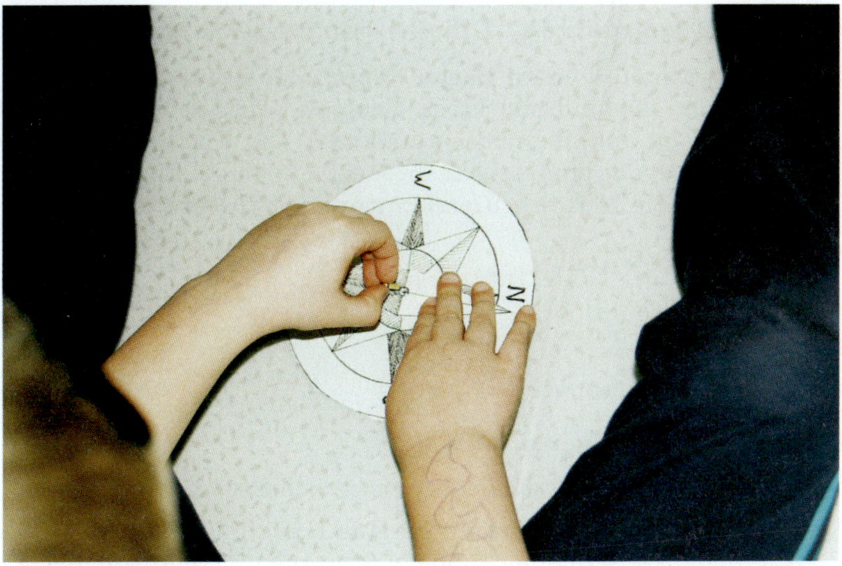
W
N

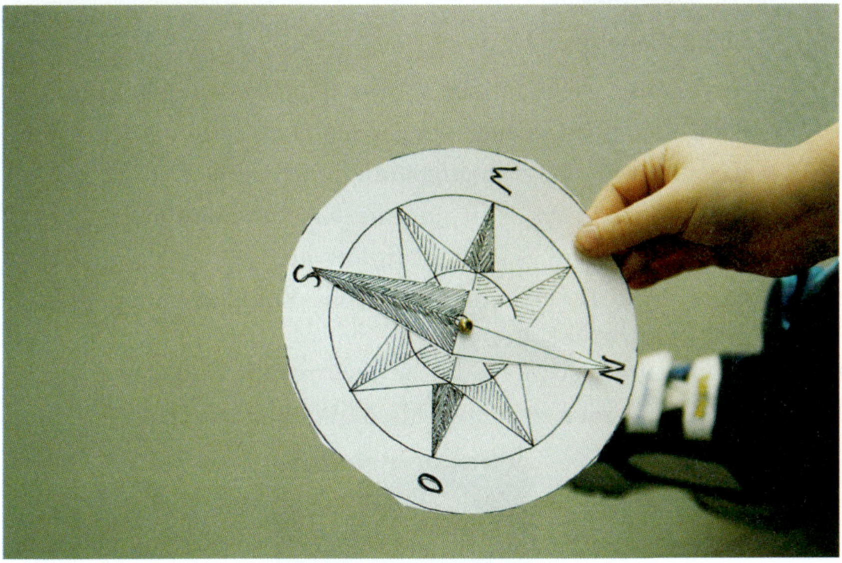
W
S
N
O

Aufgabe 4 Kompass herstellen

Aufgabenbeschreibung / Didaktische Umsetzung

Die Kinder erhalten einen Bogen Pappe oder festes Papier, auf dem die einzelnen Bestandteile eines Kompass' aufgezeichnet sind (Kopiervorlagen 5a und 5b vorher aufkleben). Die Kinder schneiden die einzelnen Teile aus und setzen diese zu einem Kompass zusammen (das Loch für die Musterbeutelklammer wird vorbereitet).

Material

- Kopiervorlage 5a, 5b
- Schere
- Musterbeutelklammer

Beobachtungshinweise

Worauf kommt es in dieser Beobachtungssituation an?

Das Kind nimmt die Schere in die eine Hand und in die andere das Blatt Papier. Es schneidet zügig die einzelnen Teile auf der Linie aus. Anschließend setzt das Kind diese mit der Musterbeutelklammer richtig zusammen.

Zusätzliche Beobachtungen

- Das Kind unterbricht immer wieder den Schneidevorgang.
- Das Kind korrigiert immer wieder die Handhabung der Schere.
- Das Kind hält die Begrenzungslinien nicht ein.
- Das Kind benötigt viel Zeit, um diese Aufgabe zu lösen.
- Das Kind bricht den Schneidevorgang ab.
- Das Kind setzt die einzelnen Teile des Kompass' nicht richtig zusammen.
- Das Kind zeigt assoziierte Mitbewegungen im Gesicht.
- Das Kind hat einen erhöhten Muskeltonus.

Aufgabe 5 Gefährlichen Weg zur verlassenen Hütte überwinden

Beobachtungsmerkmal: Gleichgewichtsfähigkeit
Kinästhetische Wahrnehmung

Aufgabe 5 Gefährlichen Weg zur verlassenen Hütte überwinden

Aufgabenbeschreibung / Didaktische Umsetzung

Ein Weg mit Bierdeckeln wird von einer Seite des Raumes zur anderen gelegt. Die Kinder balancieren auf Zehenspitzen über die Bierdeckel, um auf die andere Seite zu gelangen.

Material

- Bierdeckel

Beobachtungshinweise

Worauf kommt es in dieser Beobachtungssituation an?

Die Kinder gehen auf Zehenspitzen über die Bierdeckel. Der Oberkörper ist dabei aufgerichtet, die Arme werden eventuell, seitlich vom Körper auf Schulterhöhe ausgestreckt, zur Balancehaltung mitbenutzt.

Zusätzliche Beobachtungen

- Das Kind setzt immer wieder den ganzen Fuß auf die Bierdeckel.
- Das Kind tritt neben die Bierdeckel.
- Das Kind unterbricht immer wieder das Balancieren, indem es den einen Fuß seitlich neben den anderen setzt.
- Das Kind macht starke Ausgleichbewegungen mit dem Oberkörper und verliert dadurch die Balance.
- Die Arme schwingen („Ruderbewegungen“) hoch und runter.

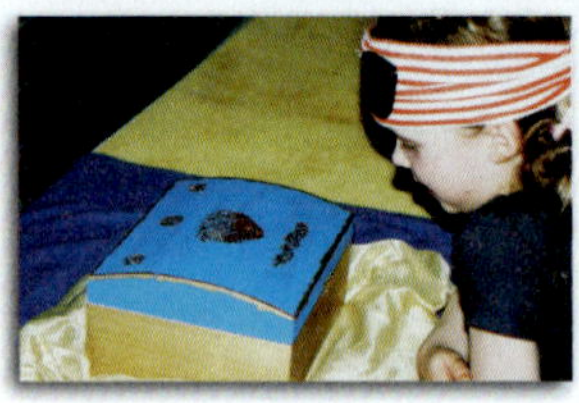

Aufgabe 6 Zauber der Felsen entschlüsseln

Beobachtungsmerkmal: Körperschema

Aufgabe 6 Zauber der Felsen entschlüsseln

Aufgabenbeschreibung / Didaktische Umsetzung

Die Kinder machen mit ihrem Körper aus statischer Position die fünf Figuren nach, die ihnen vorgemacht werden (z.B. rechte Hand auf linkes Knie – linke Hand auf rechte Schulter u.ä.). Die Figur wird zuerst vollständig vorgemacht, bevor das Kind diese nachmacht (dies kann für das 7. und 8. Lebensjahr auch spiegelbildlich geschehen).

Material

- Ohne

Beobachtungshinweise

Worauf kommt es in dieser Beobachtungssituation an?

Das Kind schaut sich die vorgemachte Position an. Anschließend bildet es diese nach, indem es unverzüglich mit seinem Körper die Figur darstellt.

Zusätzliche Beobachtungen

- Das Kind kann die Position nicht nachahmen.
- Das Kind kann Überkreuzbewegungen nicht ausführen.
- Das Kind kann auf einer Körperseite die Position imitieren, auf der anderen nicht.
- Das Kind kontrolliert die einzelnen Bewegungen visuell.
- Das Kind zeigt Gleichgewichtsschwankungen.
- Das Kind steht breitbasig.
- Das Kind handelt nach Versuch und Irrtum.

Aufgabe 7 Zauberspruch merken und nachsprechen

Beobachtungsmerkmal: Auditives Kurzzeitgedächtnis

Aufgabe 7 Zauberspruch merken und nachsprechen

Aufgabenbeschreibung / Didaktische Umsetzung

Jedem Kind wird ein Spruch gesagt. Das Kind muss sich diesen merken und nachsprechen.

Sprüche

Sofie:	„Schlangenei und Krötendreck, was hier war, das ist jetzt weg.“
Marie-Ann:	„Hasenfuß und Hühnerei, Zaubergeister fliegt herbei.“
Ole:	„Eins, zwei, drei, Schnecke ist im Ei.“
Lisa:	„Spinnenbein und Fliegenfleck und du bist weg.“
Robert:	„Krötenbein und Spinnendreck, ich zaubere dich jetzt weg.“
Jan:	„Wami Bami Tami Fami Salami.“

Diese Sprüche sind beispielhaft ausgewählt. Sie können je nach Voraussetzungen der Kinder verändert werden. Treten beim Hören mit dem einen Ohr Schwierigkeiten auf, soll das Kind das Ohr wechseln.

Material

- Ohne

Beobachtungshinweise

Worauf kommt es in dieser Beobachtungssituation an?

Das Kind hört sich den Zauberspruch an und spricht ihn unverzüglich nach.

Zusätzliche Beobachtungen

- Das Kind kann den Zauberspruch nicht oder nur teilweise nachsprechen.
- Das Kind vertauscht bei der Wiedergabe die Silben.
- Das Kind spricht undeutlich.
- Das Kind ist unruhig.

Aufgabe 8 Holz sammeln und anordnen

Beobachtungsmerkmal: Handlungsplanung
Feinmotorische Koordination

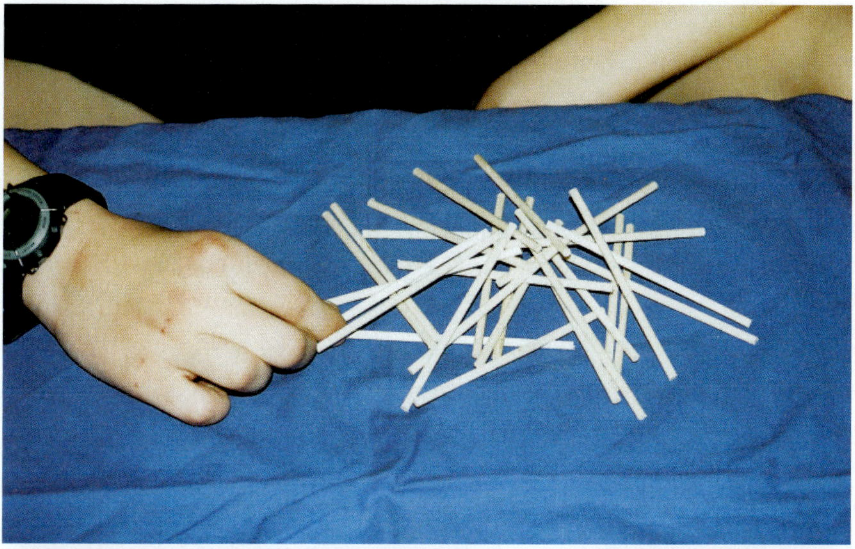

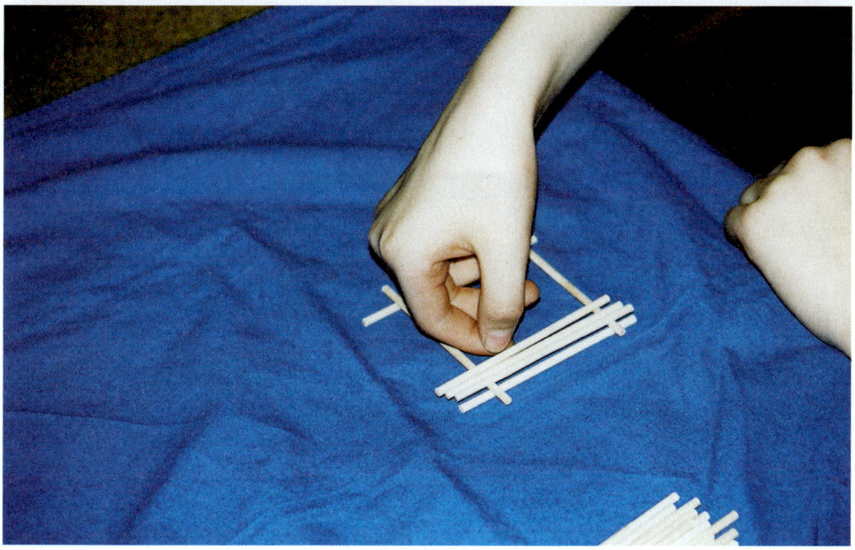

Aufgabe 8 Holz sammeln und anordnen

Aufgabenbeschreibung / Didaktische Umsetzung

Jedes Kind erhält 20 Holzstäbchen. Diese soll das Kind so übereinander anordnen, dass daraus ein stabiler „Holzstapel“ entsteht.

Material

- Holzstäbchen (Bastelbedarf), ca. 10 cm lang und 0,5 cm Durchmesser

Beobachtungshinweise

Worauf kommt es in dieser Beobachtungssituation an?

Das Kind nimmt die Streichhölzer mit dem Pinzettengriff auf und ordnet diese planvoll und ohne große Verzögerung zu einem Stapel an.

Zusätzliche Beobachtungen

- Das Kind fängt die Aufgabe immer wieder von vorne an, es handelt nach Versuch und Irrtum.
- Das Kind benutzt nicht den Pinzettengriff.
- Das Kind ordnet die Streichhölzer nebeneinander an.
- Die Streichhölzer liegen kreuz und quer auf der Arbeitsfläche.
- Das Kind ist unruhig.
- Das Kind hat einen erhöhten Muskeltonus.
- Das Kind zeigt assoziierte Mitbewegungen im Gesicht.

5. Literatur

5. Literatur

Barth, K.H. (1997): Lernschwächen früh erkennen im Vorschul- und GrundschulalterErnst Reinhardt Verlag, München; Basel

Eggert, D./Wegner-Blesin, N. (2000): DITKA. Diagnostische Inventar taktil-kinästhetischer Alltagshandlungen von Kindern im Vorschul- und Grundschulalter. verlag modernes lernen, Dortmund

Ginger, S./Ginger, A. (1994): Gestalttherapie. München: Beltz-Verlag

Hüther, G. (2001): Bedienungsanleitung für ein menschliches Gehirn. Vandenhoeck & Ruprecht, Göttingen

Passolt, M./Pinter-Theiss, V. (2003): „Ich hab eine Idee..." Psychomotorische Praxis planen, gestalten, reflektieren. verlag modernes lernen, Dortmund

Reichenbach, C. (2005): Motodiagnostik zwischen Therapie und Pädagogik – Überlegungen zum diagnostischen Handeln in der Psychomotorik, in: Praxis der Psychomotorik 30 Jg. (1). verlag modernes lernen, Dortmund

Schäfer, G.E. (2005): Bildung beginnt mit der Geburt. Ein offener Bildungsplan für Kindertageseinrichtungen in Nordrhein-Westfalen. Beltz Verlag, Weinheim und Basel

Schindler, J. (2005): Exkurs Konstruktivismus, in: Passolt, M./Pinter-Theiss, V. (2003): „Ich hab eine Idee..." Psychomotorische Praxis planen, gestalten, reflektieren. verlag modernes lernen, Dortmund

Schönrade, S./Pütz, G. (2004[4]): Die Abenteuer der kleinen Hexe. Bewegung und Wahrnehmung beobachten, verstehen, beurteilen, fördern. Ein Beobachtungsverfahren unter förderdiagnostischen Aspekten für 4-8-jährige Kinder, 4. überarbeitete Auflage. verlag modernes lernen, Dortmund

Schönrade, S./Limbach, R. (2005): Die Abenteuer der kleinen Hexe im Buchstabenland. Ein psychomotorischer Zugang zum Lernen von A-Z. verlag modernes lernen, Dortmund

Schönrade, S. (2006): Der Lernbaum. Poster und Information. Verlag modernes lernen, Dortmund

Seewald, J. (1999): Zum Problem der Diagnostik in Psychomotorik und Motologie, in: Praxis der Psychomotorik JG. 24 (3). verlag modernes lernen, Dortmund

Trenkle, B. (1999): Das Handbuch der Psychotherapie. Auer Verlag, Heidelberg

Vetter, M. (2002): Handlungsorientierte psychomotorische Diagnostik. Aktueller Diskussionsstand und Bezugspunkte im empirischen Unterrichtsversuch. Berlin: dissertation.de

Viernickel, S./Völkel, P. (2005): Beobachten und dokumentieren im pädagogischen Alltag. Freiburg: Herder-Verlag

Zimmer, R. (1999): Handbuch der Psychomotorik. Freiburg Herder-Verlag

Ausgewählte weiterführende Literatur zur psychomotorischen Praxis:

Beins, H. J. (Hrsg.) (2006): Kinder lernen in Bewegung. verlag modernes lernen, Dortmund

Beins, H. J./Lensing-Conrady, R./Pütz, G./Schönrade, S. (1999[3]): Wenn Kinder durchdrehen... Vom Wert des „Fehlers“ inder Psychomotorik. verlag modernes lernen, Dortmund

Beigel, D. (2005): Beweg dich, Schule! Eine Prise Bewegung im täglichen Unterricht der Klassen 1 – 10. verlag modernes lernen, Dortmund

Beudels, W./Lensing-Conrady, R./Beins, H.J. (2003[4]): ...das ist für mich ein Kinderspiel. Handbuch zur psychomotorischen Praxis. verlag modernes lernen, Dortmund

Beudels, W./Kleinz, N./Delker, K. (Hrsg) (2002[4]): Außer Rand und Band. WenigKostenVielSpaßGeschichten. verlag modernes lernen, Dortmund

Beudels, W./Anders, W. (2002[2]): Wo rohe Kräfte sinnvoll walten. Handbuch zum Ringen und Raufen in Pädagogik und Therapie. verlag modernes lernen, Dortmund

Eggert, D./Lütje-Klose, B. (2005[6]): Theorie und Praxis der psychomotorichen Förderung. verlag modernes lernen, Dortmund

Köckenberger, H. (2002[5]): Bewegtes Lernen. Lesen, schreiben, rechnen lernen mit dem ganzen Körper. „Die Chefstunde“. verlag modernes lernen, Dortmund

Nienkerke-Springer, A./Beudels, W. (2003[2]): Komm, wir spielen Sprache. Handbuch zur psychomotorischen Förderung von Sprache und Stimme: verlag modernes lernen, Dortmund

Pütz, G./Lensing-Conrady, R./Schönrade, S./Beins, H. J. (Hrsg.) (1999[2]): An Wunder glauben...Die Kunst der Psychomotorik, das „Unbegreifliche“ erfahrbar zu machen. verlag modernes lernen, Dortmund

Quante, S. (2004[2]): Was Kindern gut tut! Handbuch der erlebnisorientierten Entspannung. verlag modernes lernen, Dortmund

6. Anhang

6.1 Kopiervorlagen

Kopiervorlage 1 – Gegenstände aus dem Piratenleben/ Bildkarten

G1 Aufgabe 2 u. 6

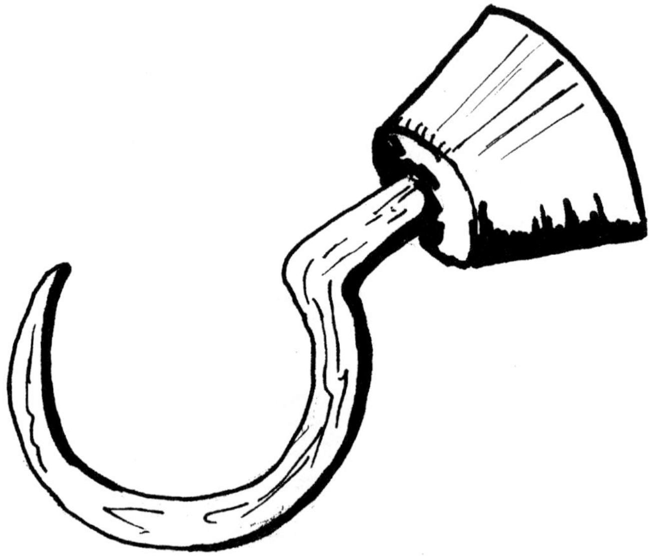

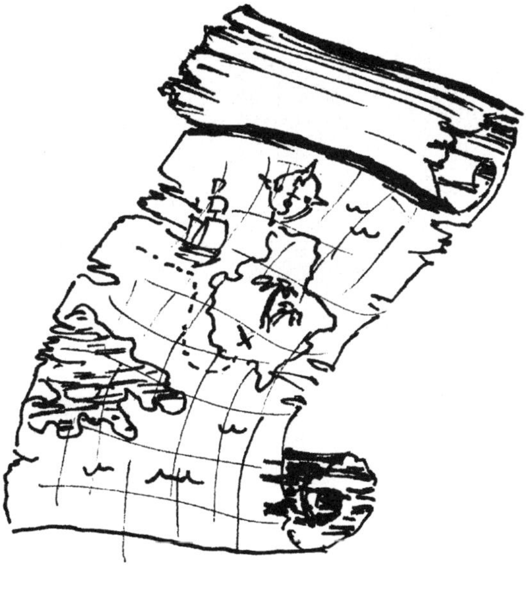

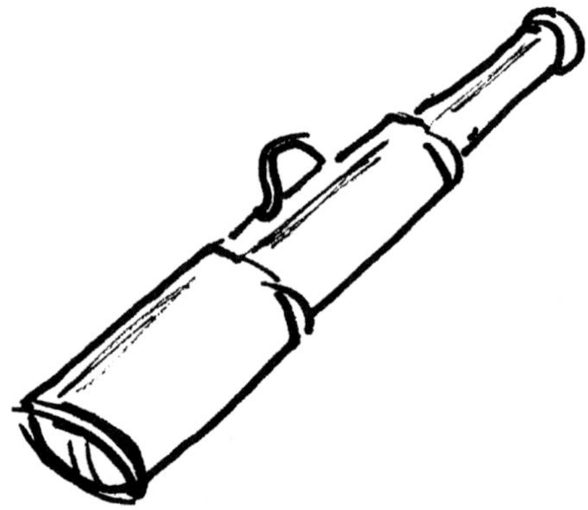

1
10

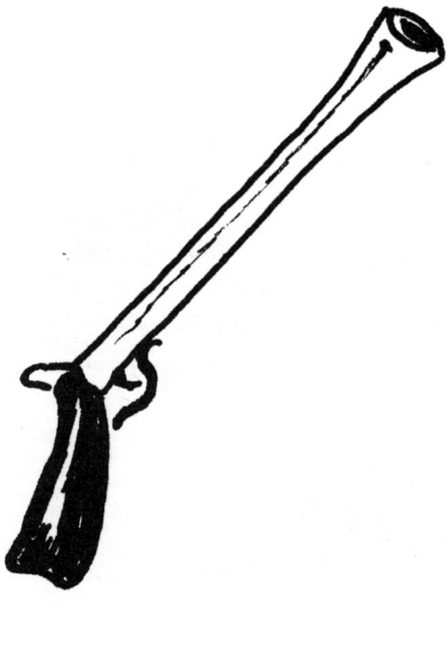

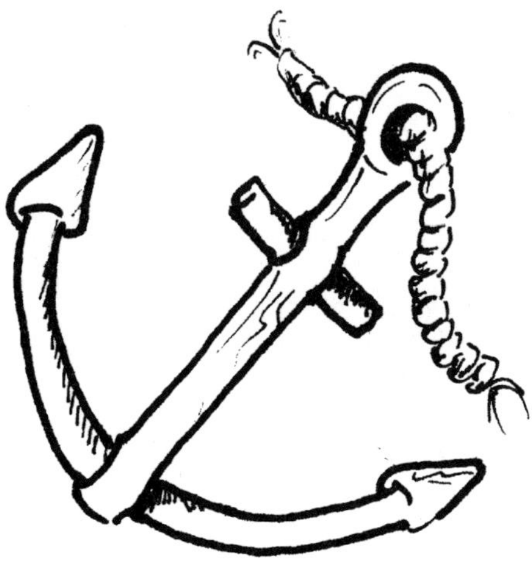

N
W
O
S

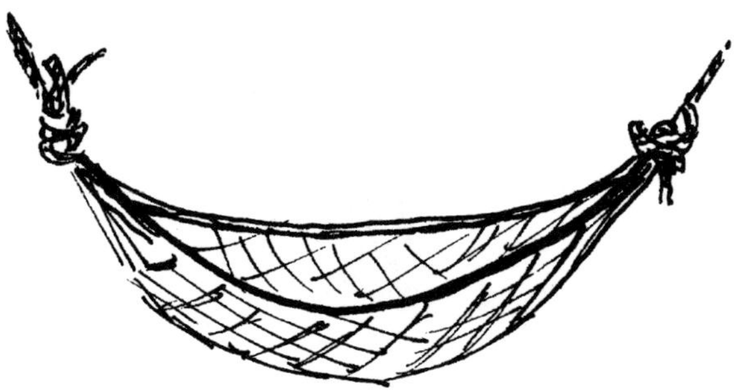

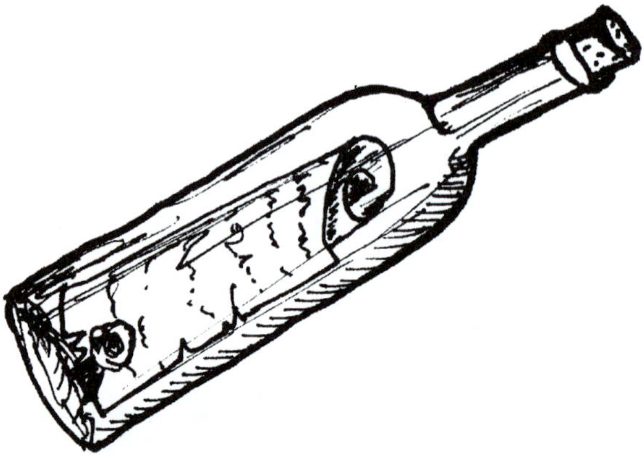

Kopiervorlage 2 – Piratenschiff

G1 Aufgabe 8

Kopiervorlage 3 – Piratenschiffe

G2 Aufgabe 2

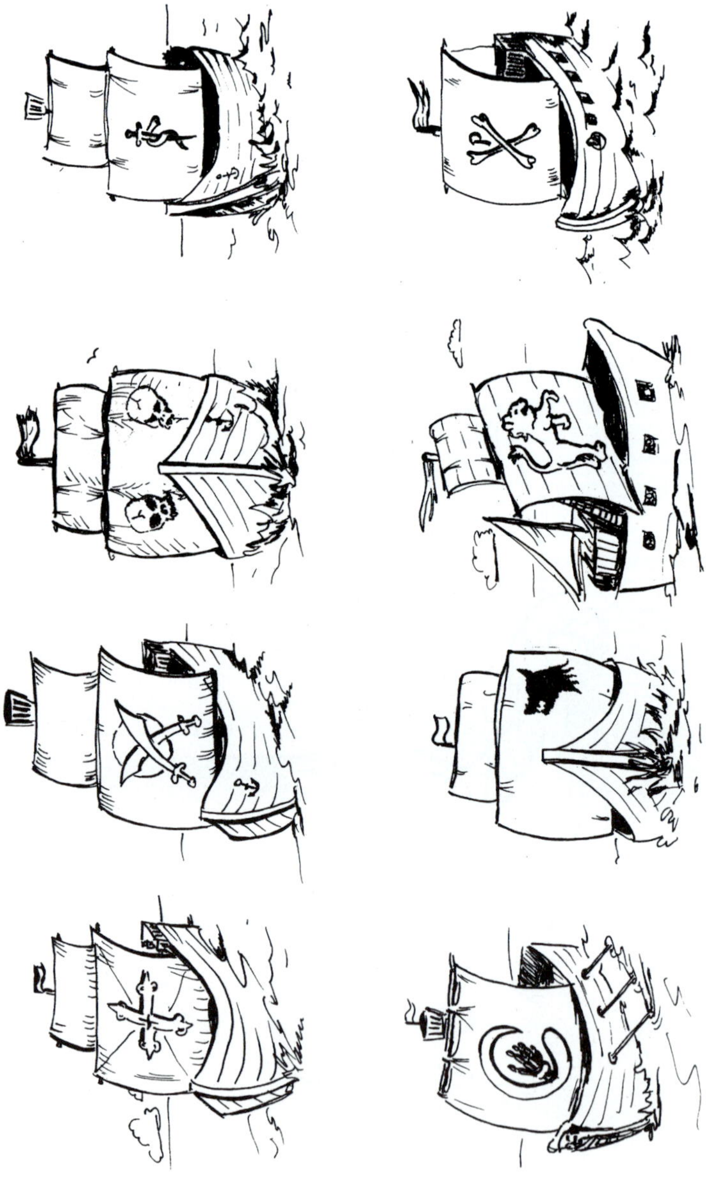

Kopiervorlage 4 - Schatzkarte

G2 Aufgabe 4 und 5

Kopiervorlage 5 – Kompass

G3 Aufgabe 4

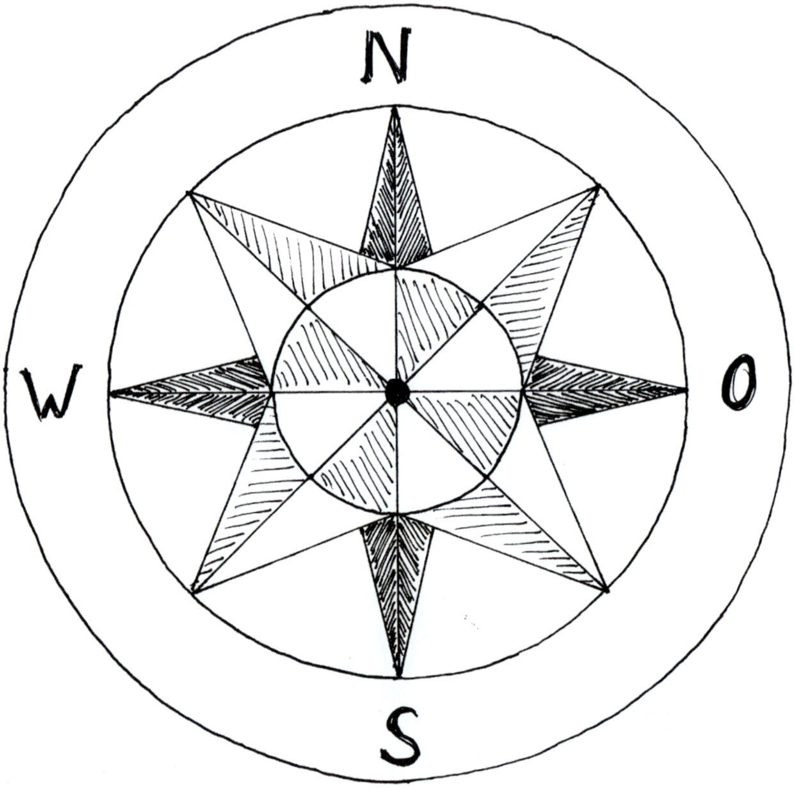

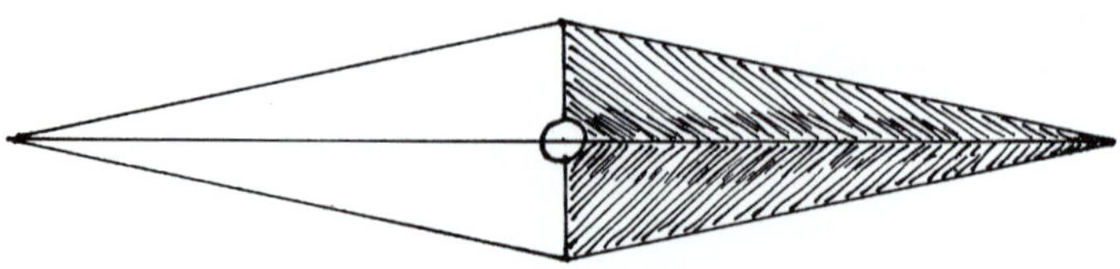

6.2 Beobachtungsbögen

Beobachtungsbogen 1

Name des Kindes: ______________________________

Alter: ____________________ Datum: ____________________

Aufgaben	Beobachtung	✓	Zusätzliche Beobachtung	X
G1 Aufgabe 1 **Auf Deck über Hindernisse steigen** • Gleichgewichtsfähigkeit • Visuelle Wahrnehmung • Reaktion 	Das Kind steigt ohne Zögern und ohne Mithilfe der Hände auf die umgedrehte Bank, fixiert kontinuierlich mit den Augen die schwingenden Taue und balanciert so, dass es einen Fuß vor den anderen setzt. Es bleibt stehen, um eine Berührung der Taue mit seinem Körper zu vermeiden. Der Bewegungsrhythmus des Kindes ist dem Schwingen der Taue angepasst. Die Mitbewegungen der Arme beim Balancieren sind adäquat.		Steigt zögernd auf die Bank, braucht mehrere „Anläufe“	
			Benutzt Hände beim Aufsteigen	
			Fixiert nicht oder ab und zu die schwingenden Taue	
			Schiebt die Füße nach	
			Steigt immer wieder von der Bank	
			Zeigt assoziierte Mitbewegungen im Gesicht	
			Unkontrollierte Armbewegungen	
			Wird immer wieder von den Tauen berührt	
			Kein Bewegungsrhythmus in Abhängigkeit zum Schwingen der Taue	
			Reagiert auf Berührung der Taue mit Balanceverlust	
			Fordert Hilfestellung ein	
			✎	
G1 Aufgabe 2 **Gefahren auf hoher See wieder erkennen** • Visuelle Wahrnehmung • Visuelles Gedächtnis 	Das Kind betrachtet ruhig die Abbildungen, gegebenenfalls werden Fragen zum Verständnis der Gegenstände auf den vorbereiteten Karten gestellt. Das Kind lässt u.U. eine „Strategie“ beim Betrachten und Sich-Merken erkennen (z.B. benennt den Gegenstand auf der Karte, fixiert ihn mit den Augen; hält eine bestimmte Reihenfolge beim Betrachten ein). Nach dem Entfernen der 5 Karten kann das Kind ohne Zögern oder nach kurzem Überlegen die Gegenstände der fehlenden Karten benennen.		Unruhige Augenbewegungen, nicht auf Abbildungen fixiert	
			Schaut immer wieder von Karten auf, blickt um sich herum	
			Betrachtung ist mit viel Kommunikation verbunden	
			Unruhig, mit seinem ganzen Körper „im Einsatz“	
			Fordert eigene Anordnung der Abbildungen ein	
			Benennt nach Versuch und Irrtum	
			Kann die fehlenden Abbildungen nicht benennen	
			Nennt ziellos bestimmte Gegenstände aus den Abbildungen	
			✎	

Beobachtungsbogen 1

Name des Kindes: ______________________________

Aufgaben	Beobachtung	✓	Zusätzliche Beobachtung	X
G1 Aufgabe 3 **Befehle des Kapitäns hören** • Auditive Wahrnehmung/ Figur-Grund-Wahrnehmung 	Das Kind hört sich ruhig die Geräusche und Begriffe an. Es reagiert auf die Begriffe, indem es diese ohne Zögern benennen kann. Es lässt sich dabei nicht von den Meeresgeräuschen ablenken.		Ist beim Hören der CD unruhig	
			Wendet sich mit einem Ohr zur Geräuschquelle	
			Wechselt immer wieder das Ohr	
			Kann die Befehle nicht heraushören	
			Kann die Befehle nicht wiedergeben	
			✎	
G1 Aufgabe 4 **Bärenkräfte dosiert einsetzen** • Kinästhetische Wahrnehmung • Kraftdosierung • Gleichgewichtsfähigkeit 	Das Kind sitzt oder kniet auf dem Rollbrett und zieht sich mit einer angemessenen Haltungskontrolle an dem Seil entlang. Es tut dies, indem es eine Hand vor die andere setzt ohne dabei seinen Bewegungsrhythmus zu unterbrechen. Die Kraftdosierung der Arme/Hände ist angemessen.		Findet keine „günstige" Ausgangsposition auf dem Rollbrett	
			Kann keine stabile Haltungskontrolle aufbauen	
			Kann Krafteinsatz nicht so dosieren, dass es die gesamte Strecke bewältigen kann	
			Äußert über Gestik/Mimik und Sprache seine Anstrengung	
			✎	
G1 Aufgabe 5 **Schnelles Handeln** • Schnelligkeit/Reaktion • Lateralität 	Das Kind legt zwei Teppichfliesen nebeneinander auf den Boden und stellt sich mit beiden Füßen auf eine Teppichfliese. Anschließend greift es mit beiden Händen die freie Fliese und legt sie seitlich (rechts oder links) neben sich und stellt sich mit beiden Füßen darauf. Diesen Vorgang wiederholt das Kind 10mal in seinem eigenen Bewegungstempo und -rhythmus bei gleichzeitig stabiler Gleichgewichtskontrolle. Es ist in der Lage, sowohl nach rechts und nach links die Teppichfliesen immer mit beiden Händen seitlich umzusetzen.		Organisiert sich umständlich beim Legen der Teppichfliesen	
			Schafft keinen fließenden Wechsel, macht immer wieder eine Pause	
			Verliert Gleichgewichtskontrolle	
			Greift die Fliese mit einer statt mit beiden Händen	
			Übergibt die Fliese vor der Körpermitte in die andere Hand	
			Übergänge vom Stand in die Hocke und wieder zurück wirken angestrengt	
			Schafft es nicht die Aufgabe zu Ende zu führen	
			✎	

Beobachtungsbogen 1

Name des Kindes:______________________________

Aufgaben	Beobachtung	✓	Zusätzliche Beobachtung	X
G1 Aufgabe 6 **Im Dunkeln mit Gegenständen hantieren** • Taktil-kinästhetische Wahrnehmung • visuell-mentales Operieren 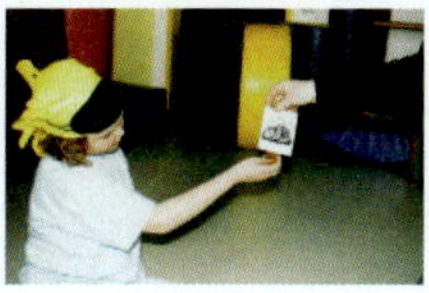	Das Kind betrachtet die ihm gezeigte Bildkarte und benennt die Abbildung darauf. Es greift mit der rechten oder linken Hand oder mit beiden Händen in einen Stoffsack und findet durch Tasten und Fühlen zügig den passenden Gegenstand heraus. Das Kind ist in der Lage 5 Gegenstände zu benennen und diese zu finden.		Hat Schwierigkeiten, die gezeigten Abbildungen zu benennen	
			Wechselt beim Fühlen immer wieder die Hand	
			Handelt nach Versuch und Irrtum	
			Sucht „planlos“ nach Gegenständen	
			Findet weniger als 5 Gegenstände	
			Begleitet Suche permanent verbal	
			Zeigt assoziierte Mitbewegungen im Gesicht	
			Hat einen erhöhten Muskeltonus	
			✎	
G1 Aufgabe 7 **Orientierungssinn schärfen** • Raumorientierung • Auditive Wahrnehmung 	Das Kind lässt sich mit einer Augenbinde die Augen verschließen. Es hört das erste Geräusch und geht in Richtung dieses Geräusches. Es orientiert sich weiter an den verschiedenen Klanggeräten und bewegt sich zielstrebig so an den Geräuschen entlang, dass es slalomartig an den Kindern vorbei seinen Weg findet.		Lässt sich nicht gerne oder gar nicht die Augen verbinden	
			Wartet einige Zeit ab, bevor es losgeht	
			Bleibt immer wieder stehen	
			Wechselt immer wieder die Richtung	
			Zeigt assoziierte Mitbewegungen im Gesicht, starke Ausgleichbewegungen in Armen/Händen	
			Unsicher im Gleichgewichtsverhalten	
			Will immer wieder die Augenbinde lösen	
			Bewegt sich nur z.T. slalomartig um die Kinder, geht große Raumwege	
			Zeigt unterschiedliche Verhaltensweisen je nach Nähe des re. bzw. li. Ohres zur Geräuschquelle	
			Sucht zur Orientierung Kontakt mit der Geräuschquelle	
			✎	

Beobachtungsbogen 1

Name des Kindes:______________________________

Aufgaben	Beobachtung	✓	Zusätzliche Beobachtung	X
G1 Aufgabe 8 **Flaschenpost anfertigen** • Feinmotorische Koordination • Handlungsplanung 	Das Kind greift das Blatt Papier und rollt es mit beiden Händen gleichzeitig so eng zusammen, dass es durch den Flaschenhals passt. Um die Papierrolle wird mit einer dünnen Kordel ein Knoten gebunden. Anschließend steckt das Kind die Papierrolle so in die Flasche, dass diese nicht im Flaschenhals stecken bleibt. Zum Abschluss setzt das Kind den Korken auf die Flasche.		Arbeitet beim Zusammenrollen nicht synchron mit beiden Händen	
			Zerknüllt oder zerreißt Papier	
			Beginnt Tätigkeit immer wieder von vorne	
			Rollt Papier in einem zu großen Durchmesser zusammen	
			Kann Kordel nicht so um Papierrolle wickeln, dass diese verknotet werden kann	
			Benötigt viel Zeit und wechselt immer wieder die Hand	
			Verliert die Geduld und setzt Aufgabe nicht fort	
			Zeigt assoziierte Mitbewegungen im Gesicht	
			Hat einen erhöhten Muskeltonus	
			✎	

Sonstige Bemerkungen

Emotional-affektives Verhalten des Kindes

Sozialverhalten des Kindes

Eigenbefindlichkeit (Wie habe ich mich während der Durchführung gefühlt?)

Beobachtungsbogen 2

Name des Kindes: ____________________

Alter: ____________________ Datum: ____________________

Aufgaben	Beobachtung	✓	Zusätzliche Beobachtung	X
G1 Aufgabe 1 **Nahrungssäcke in Vorratsecke werfen** • Kinästhetische • Differenzierungsfähigkeit • Auge-Hand-Koordination 	Das Kind nimmt ein Sandsäckchen und wirft es aus einem Abstand von drei Metern mit einer Hand in das Behältnis. Diesen Vorgang wiederholt das Kind sechsmal.		Wirft die Sandsäckchen mit beiden Händen	
			Wechselt beim Werfen der Sandsäckchen die Hand	
			Verliert beim Werfen die Balance	
			Arm- und Körperbewegungen sind unkontrolliert	
			Hat einen erhöhten Muskeltonus	
			Nicht alle Sandsäckchen landen im Behältnis	
			✎	
G2 Aufgabe 2 **Durch ein Fernrohr etwas erkennen** • Präferenzdominanz Auge • Visuelles Gedächtnis 	Das Kind schaut sich die Bildkarte mit dem Schiff an. Anschließend führt es das Fernrohr zu seinem Auge (rechtes oder linkes) und sucht das entsprechende Schiff auf der Abbildung heraus. Diesen Vorgang wiederholt es insgesamt dreimal. Es schaut dabei immer mit dem demselben Auge durch das Fernrohr.		Wechselt immer wieder das Auge	
			Schaut ziellos über die Bildkarte, ohne dabei einzelne Abbildungen zu fixieren	
			Findet nicht alle Schiffe wieder	
			Handelt nach Versuch und Irrtum	
			✎	
G2 Aufgabe 3 **Kanonenkugeln schnell aus Kisten zur Kanone bringen** • Schnelligkeit • Ausdauer 	Das Kind nimmt einen Ball aus dem ersten Kasten und läuft zügig zu dem zweiten. Es stoppt rechtzeitig vor diesem ab und legt den Ball hinein. Anschließend läuft es wieder zum ersten Kasten, nimmt den zweiten Ball und läuft mit diesem wieder zum zweiten zurück. Dieser Vorgang wird insgesamt sechsmal wiederholt.		Verliert Ball beim Herausnehmen aus dem Kasten	
			Führt die Aufgabe in langsamem Tempo durch	
			Hat Schwierigkeiten vor dem jeweiligen Kasten abzustoppen	
			Setzt deutlich hörbar die Füße auf	
			Verliert beim Laufen immer wieder den Ball	
			Unterbricht sein Laufen	
			Wirft den Ball in den Kasten	
			Nimmt zwei Bälle gleichzeitig	
			✎	

Beobachtungsbogen 2

Name des Kindes:____

Aufgaben	Beobachtung	✓	Zusätzliche Beobachtung	X
G2 Aufgabe 4 **Schatzkarte entziffern** • Visumotorische Koordination • Lateralität 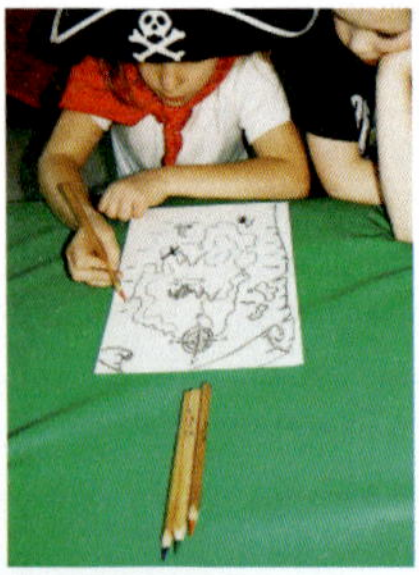	Das Kind legt die Karte vor sich hin, hält den Stift im Dreipunktgriff und verbindet die Linien der Karte zügig miteinander, ohne dass es die Karte drehen und seine Oberkörperposition verändern muss. Der Stift wird mit angemessenem Druck aufgesetzt und geführt.		Hält den Stift nicht im Dreipunktgriff	
			Dreht das Blatt	
			Wechselt vor der Körpermitte die „Stifthand"	
			Verändert Sitz- und vor allem Oberkörperposition	
			Drückt Stift sehr fest auf	
			Zeigt assoziierte Mitbewegungen im Gesicht	
			Hat erhöhten Muskeltonus	
			✎	
G2 Aufgabe 5 **Schatzkarte ausschneiden** • Auge-Hand-Koordination 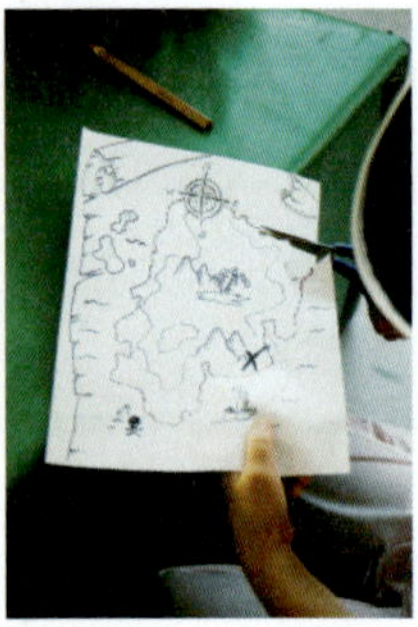	Das Kind nimmt die Schatzkarte in die eine Hand, in die andere die Schere. Es schneidet auf der markierten Linie die Schatzkarte aus.		Kann nicht die Linie entlang schneiden	
			Benötigt viel Zeit für das Ausschneiden	
			Zeigt assoziierte Mitbewegungen im Gesicht	
			Unterbricht immer wieder den Schneidevorgang	
			Schaut immer wieder auf und blickt um sich herum	
			Korrigiert immer wieder Sitz- und Oberkörperhaltung	
			Stützt sich mit dem Arm zur Stabilisierung am Tisch ab	
			Hat einen erhöhten Muskeltonus	
			✎	
G2 Aufgabe 6 **Schiff kapern** • Sprungkraft • Gleichgewicht 	Das Kind stellt sich an die jeweilige Markierung. Es nimmt Schwung, indem es die Beine beugt und beide Arme nach hinten führt. Die Sprungauslösung erfolgt über die Streckung der Beine und ein Nachvorneführen der Arme. Anschließend landet es auf der gegenüberliegenden Markierung, indem es den Sprung mit den Beinen abfedert und eine adäquate Spannung aufbaut.		Ist sehr angespannt	
			Hat Schwierigkeiten, sich vom Boden zu lösen	
			Keine effektive Schwungauslösung	
			Landet nicht bipedal	
			Verliert bei der Landung das Gleichgewicht	
			Schafft die Weiten nicht	
			✎	

Beobachtungsbogen 2

Name des Kindes:____

Aufgaben	Beobachtung	✓	Zusätzliche Beobachtung	X
G2 Aufgabe 7 **Beute an Bord bringen** • Gleichgewichtsfähigkeit 	Das Kind steigt mit dem Beutegut in der Hand auf die Bank. Es legt das Beutegut auf ein vorher benanntes Körperteil und überquert die Bank rückwärts, indem es einen Fuß hinter den anderen setzt. Der Oberkörper ist dabei aufgerichtet.		Benötigt Unterstützung beim Aufsteigen auf die Bank	
			Verliert die Balance und tritt mit einem Fuß immer wieder auf den Boden	
			Schiebt die Füße rückwärts	
			Beugt seinen Oberkörper nach vorne	
			Führt die Arme seitlich nach oben, Hände sind gefaustet	
			Schaut immer wieder zurück	
			Verliert sein Beutegut	
			Hat einen erhöhten Tonus	
			Zeigt assoziierte Mitbewegungen im Gesicht	
			✎	
G2 Aufgabe 8 **Beutegut benennen** • Taktil-kinästhetische Wahrnehmung • Mental-visuelles Operieren 	Das Kind ertastet mit einer Hand oder beiden Händen einen Buchstaben aus dem Sack. Es benennt diesen, nimmt ihn aus dem Sack und ordnet ihn dem jeweiligen Beutegut mit dem entsprechenden Anlaut zu.		Greift nur zögernd oder gar nicht in den Sack	
			Greift ziellos in den Sack	
			Hat Schwierigkeiten bei der Diskrimination der Buchstaben	
			Handelt nach Versuch und Irrtum	
			Kommuniziert viel, teilweise nicht auf das Thema bezogen	
			Zeigt assoziierte Mitbewegungen im Gesicht	
			Kann Buchstaben nicht dem Beutegut zuordnen	
			✎	

Sonstige Bemerkungen

Emotional-affektives Verhalten des Kindes

Sozialverhalten des Kindes

Eigenbefindlichkeit (Wie habe ich mich während der Durchführung gefühlt?)

Beobachtungsbogen 3

Name des Kindes: ______________________________

Alter: ______________ Datum: ______________

Aufgaben	Beobachtung	✓	Zusätzliche Beobachtung	X
G3 Aufgabe 1 **Nahrungssäcke auf Insel transportieren** • Bilateralintegration 	Das Kind fängt das zugeworfene Sandsäckchen/den Tennisring/den Ball, indem es beide Hände gleichzeitig und symmetrisch vor dem Körper (ohne dass der jeweilige Gegenstand den Körper berührt) zusammen bringt.		Fängt Gegenstände mit beiden Händen und gleichzeitiger Berührung des Körpers	
			Fängt Gegenstände, Hände werden asymmetrisch vor den Körper gebracht	
			Fängt die Gegenstände nicht	
			Verliert beim Fangen die Balance	
			Hat einen erhöhten Muskeltonus	
			Arm- und Körperbewegungen sind unkontrolliert	
			✎	
G3 Aufgabe 2 **Kokosnüsse abtreffen** • Auge-Hand-Koordination • Bewegungspräzision 	Das Kind nimmt den Tennisball in eine Hand, führt ihn seitlich am Kopf vorbei nach hinten, fixiert das Ziel und wirft ihn mit Schlagwurfbewegung auf die „Kokosnüsse". Das Kind steht in Schrittstellung. Das Bein gegengleich zur Wurfhand befindet sich vorne.		Führt Wurf nicht mit Schlagwurfbewegung aus	
			Fixiert das Ziel nicht mit den Augen	
			Unkontrollierte und ungesteuerte Bewegungen beim Wurf	
			Kann Ball nicht über die Distanz werfen	
			Trifft die Kokosnüsse nicht	
			Steht mit den Füßen nahezu parallel	
			Bein seitengleich zur Wurfhand nach vorne gestellt	
			Verliert beim Werfen die Balance	
			✎	
G3 Aufgabe 3 **Zugang zur Höhle überwinden** • Kinästhetische Wahrnehmung • Beweglichkeit 	Das Kind schaut sich das Spinnennetz an und entscheidet nach kurzer Überlegung, durch welche Öffnung es hindurch steigen möchte. Das Kind passt seine Bewegung der Größe, Form und Höhe der entsprechenden Öffnung an und steigt durch diese, ohne die Seile zu berühren.		Kann sich nicht entscheiden, durch welche Öffnung es steigen soll	
			Passt seine Bewegungen nicht den Maßen der Öffnung an	
			Spürt nicht, wenn es die Seile berührt	
			✎	

Beobachtungsbogen 3

Name des Kindes:______________________________

Aufgaben	Beobachtung	✓	Zusätzliche Beobachtung	X
G3 Aufgabe 4 **Kompass erstellen** • Feinmotorische Koordination • Auge-Hand-Koordination • Handlungsplanung 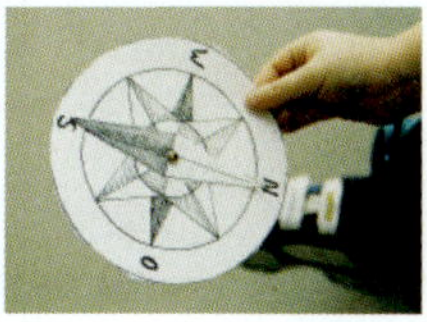	Das Kind nimmt die Schere in die eine Hand und in die andere das Blatt Papier. Es schneidet zügig die einzelnen Teile aus. Anschließend setzt das Kind diese mit der Musterbeutelklammer richtig zusammen.		Unterbricht immer wieder den Schneidevorgang	
			Korrigiert immer wieder die Handhabung der Schere	
			Hält Begrenzungslinien nicht ein	
			Benötigt viel Zeit	
			Bricht den Vorgang ab	
			Setzt die einzelnen Teile nicht richtig zusammen	
			Zeigt assoziierte Mitbewegungen im Gesicht	
			Hat einen erhöhten Muskeltonus	
			✎	
G3 Aufgabe 5 **Gefährlichen Weg überwinden** • Gleichgewichtsfähigkeit • Kinästhetische Wahrnehmung 	Die Kinder gehen auf Zehenspitzen über den „festgelegten" Weg. Sie tun dies, indem sie von Bierdeckel zu Bierdeckel balancieren. Der Oberkörper ist aufgerichtet. Die Arme werden u.U. seitlich vom Körper auf Schulterhöhe ausgestreckt mitbenutzt		Setzt ganzen Fuß auf den Bierdeckel	
			Tritt immer wieder neben den Bierdeckel	
			Unterbricht immer wieder das Balancieren	
			Macht starke Ausgleichbewegungen	
			Unkontrolliertes Mitschwingen der Arme	
			✎	
G3 Aufgabe 6 **Zauber der Felsen entschlüsseln** • Körperschema 	Das Kind schaut sich die vorgemachte Position an. Anschließend bildet es diese nach.		Kann Position nicht nachahmen	
			Kann Überkreuzbewegungen nicht ausführen	
			Kann auf der einen Seite Position imitieren, auf der anderen nicht	
			Kontrolliert die Bewegungen visuell	
			Zeigt Gleichgewichtsschwankungen	
			Steht breitbasig	
			Handelt nach Versuch und Irrtum	
			✎	

Beobachtungsbogen 3

Name des Kindes:______________________________

Aufgaben	Beobachtung	✓	Zusätzliche Beobachtung	X
G3 Aufgabe 7 **Zauberspruch merken und nachsprechen** • Auditives Kurzzeitgedächtnis 	Das Kind hört sich den Zauberspruch an und spricht ihn unverzüglich nach.		Kann den Spruch teilweise oder gar nicht nachsprechen	
			Vertauscht bei der Wiedergabe die Silben	
			Spricht undeutlich	
			Ist unruhig	
			✎	
G3 Aufgabe 8 **Holz sammeln und anordnen** • Handlungsplanung • Feinmotorische Koordination 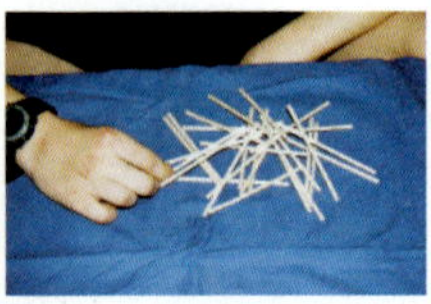	Das Kind nimmt die Hölzer und ordnet diese planvoll und ohne große Verzögerung zu einem Stapel an.		Handelt nach Versuch und Irrtum	
			Wechselt beim Stapeln die Hand	
			Benutzt nicht den Pinzettengriff	
			Ordnet die Hölzer nebeneinander an	
			Legt Hölzer kreuz und quer auf die Arbeitsfläche	
			Ist unruhig	
			Hat einen erhöhten Muskeltonus	
			Zeigt assoziierte Mitbewegungen im Gesicht	
			✎	

Sonstige Bemerkungen

Emotional-affektives Verhalten des Kindes

Sozialverhalten des Kindes

Eigenbefindlichkeit (Wie habe ich mich während der Durchführung gefühlt?)

Graphomotorische Kompetenz

Ragnhild A. Oussoren
Kindergarten-Schreibtanz
Das Programm für Kleinkinder ab 2 Jahren
◆ Dez. 2006, 160 S., mit Audio-CD, Format 16x23cm, Ringbindung,
ISBN 3-8080-0598-X, Bestell-Nr. 5218,
€ 27,80 bis 30.11.06, danach € 29,80

Ragnhild Oussoren-Voors
Schreibtanz I
Von abstrakten Bewegungen zu konkreten Linien – für 3-8jährige Kinder
◆ 5. Aufl. 2004, 128 S., mit Audio-CD (22 Min.), Format 16x23cm, Ringbindung,
ISBN 3-8080-0374-X,
Bestell-Nr. 5215, € 29,80

Ragnhild Oussoren-Voors
Schreibtanz II
Wörtertanz – eine flotte, fließende und federnde Handschrift für 5-12-jährige Kinder
◆ 2. Aufl. 2006, 360 S., mit Audio-CD (43 Min.), Format 16x23cm, fester Einband,
ISBN 3-8080-0424-X,
Bestell-Nr. 5216, € 29,80

Ingrid Schäfer
Graphomotorik für Grundschüler
Praktische Übungen zum Schreibenlernen
◆ 2001, 288 S., Format DIN A4, im Ordner,
ISBN 3-86145-128-X,
Bestell-Nr. 8547, € 31,00

Holger Schäfer / Nicole Leis
Der Anlautbaum
Konzept eines lehrgangunabhängigen Anlautsystems
◆ Feb. 2007, ca. 288 S., viele Kopiervorlagen, Format DIN A4, im Ordner,
ISBN 3-8080-0604-8,
Bestell-Nr. 1931, € 34,80

Silke Schönrade / Raya Limbach
Die Abenteuer der kleinen Hexe im Buchstabenland
Ein psychomotorischer Zugang zum Lernen von A-Z
◆ 2005, 208 S., Format 16x23cm, fester Einband, ISBN 3-86145-276-6,
Bestell-Nr. 8336, € 20,40

Suzanne Naville
Vom Strich zur Schrift
◆ 6. Aufl. 1999, 99 S., DIN A4, Block,
ISBN 3-8080-0137-2,
Bestell-Nr. 5212, € 9,60

Portofreie Lieferung auf Rechnung auch durch den Verlag!

Jutta Burger-Gartner / Angelika Papillion-Piller / Beate Reinhart
Da sind wir
Sprachförderung für Kinder ab 2 Jahre
◆ Okt. 2006, 256 S., Format DIN A4, im Ordner,
ISBN 3-8080-0600-5, Bestell-Nr. 1930,
€ 31,00 bis 31.3.07, danach € 34,80

Wibke Bein-Wierzbinski
Eine kleine Raupe geht auf Wanderschaft ... und macht viele Bekanntschaften
Neuromotorisches Übungsprogramm für Kinder im Vorschulbereich und in der Grundschule
◆ April 2007, ca. 120 S. (davon ca. 50 S. farbige Kopiervorlagen), Format DIN A4, Ringbindung,
ISBN 3-8080-0608-0,
Bestell-Nr. 1227, € 21,50

Christina Reichenbach
Bewegungsdiagnostik in Theorie und Praxis
Bewegungsdiagnostische Verfahren und Modelle – Bedeutung für Praxis und Qualifikation
◆ 2006, 224 S., Format 16x23cm, br,
ISBN 3-938187-30-1,
Bestell-Nr. 9378, € 19,50

Friedhelm Schilling
Spielen – Malen – Schreiben
Marburger graphomotorische Übungen

◆ Vorlagen • Teil 1: 12. Aufl. 2004, 78 Blatt, DIN A4, Block, ISBN 3-8080-0548-3
Bestell-Nr. 5210, € 7,60

◆ Vorlagen • Teil 2: 2004, 66 Blatt, DIN A4, Block, ISBN 3-8080-0547-5
Bestell-Nr. 5217, € 7,60

Besonders auch für Jungen geeignet!
Sabine Pauli / Andrea Kisch
Geschickte Hände zeichnen
Zeichenprogramm für Kinder von 5-7 Jahren

◆ Teil 1 • Schwungübungen und Grundformen: 2003, 75 Blatt, DIN A4, Block,
ISBN 3-8080-0532-7
Bestell-Nr. 1045, € 8,60

◆ Teil 2 • Grundmuster
2003, 89 Blatt, DIN A4, Block,
ISBN 3-8080-0533-5
Bestell-Nr. 1046, € 8,60

BORGMANN MEDIA

verlag modernes lernen · borgmann publishing

Postfach • D-44005 Dortmund • Kostenlose Bestell-Hotline: Tel. 0800 77 22 345 • FAX 0800 77 22 344
Ausführliche Informationen und Bestellen im Internet: www.verlag-modernes-lernen.de